안철수 새정치 이야기

가슴으로
하는
말

김상봉 지음

프라미스

《가슴으로 하는 말 - 안철수 새정치 이야기》는 2013년 서울 노원(병) 지역 국회의원 보궐선거에 참여한 한 자원봉사자의 경험 기록입니다.

작년 말 대선에서 전국을 돌며 안철수 후보와 함께 시민들을 만나면서 새로운 정치 개혁을 바라는 국민적 열망을 절실하게 확인하였습니다. 국민들은 다 알고 있었습니다. 기성 정치인들이 기득권에 안주하여 새로운 변화를 만들지 못하고 있다는 사실과, 개혁은 새로운 정치인이 만들어야 한다는 사실을 말입니다.

정치가 바뀌어야 민생을 살릴 수 있습니다. 정치권이 스스로 뼈를 깎는 개혁을 해야만 국민의 신뢰를 얻을 수 있습니다.

지난 4월 노원(병) 국회의원 보궐선거에서 우리는 새정치의 희망을 보았고 확신을 했습니다. 국민적 열망인 새정치를 실천하는 저자와 같은 자원봉사자들의 헌신적 모습에서 저는 정치 개혁은 이상이 아니라 현실임을 확인했습니다.

새정치의 과정은 고통과 가시밭길입니다. 그러나 가시밭길을 헤치고 나가면 국민에게 희망을 주는 정치개혁이 기다리고 있다고 확신합니다. 정치가 새로워지고 거기에서 싹트는 민생과 민주는 국민들에게 안식을 제공해 줄 것입니다.

   화려한 정치인의 술사가 아닌 한 자원봉사자의 담담한 경험 기록이 새로운 정치를 이해하고 실천하는 거름이 되기를 기원합니다.

2013년 7월 20일
국회의원 송호창

국민에게 봉사하는 새정치의 나아갈 길에 대해서, 자원봉사 체험을 바탕으로 재미있게 이야기를 풀어주신 김상봉 님께 감사를 드립니다.

지도자는 머슴이 되어 국민을 섬기는 본을 보여야 합니다. 이는 국민의 발을 씻어주는 데서 출발합니다. 발은 낮은 데에서 힘든 노동을 감당하는 신체입니다. 남의 발을 씻어주기 위해서는 상대방 앞에 무릎을 꿇고 낮은 자세를 취해야 하지요. 국민 앞에서 낮아지려 애를 쓰면 쓸수록 국민을 높여줍니다. 남이 나를 보고 머슴이라 하면 기분 나쁘겠지만 스스로 머슴이라 자청하면 기분이 좋아진다는 김상봉 님의 생각에 공감하는 바가 큽니다.

생활에 밀착된 현장정치가 무엇보다 중요하다는 의견에도 동의합니다. 새정치는 온몸으로 하는 생활정치입니다. "구정치는 입정치고 새정치는 신발정치다. 구정치는 입으로만 하는 정치요, 새정치는 발로 뛰는 정치다"라는 김상봉 님의 표현 그대로입니다. 구정치는 책상 위에서 하는 정치요, 새정치는 현장을 누비는 정치입니다. 귀로 듣고 입으로 말하고 손으로 잡고 발로 뛰면서 생활현장을 누빌 때, 문턱 없는 열린 정치가 실현되고 민생은 챙겨질 것입니다.

이러한 머슴정치, 현장정치를 강조하는 김상봉 님의 생각은 우리의 새정치가 나아갈 방향입니다. 지금 국민들이 정치를 바라보는 시선은 절망 그 자체입니다. 절망을 희망으로 바꾸는 것은 실천입니다. 김상봉 님의 《가슴으로 하는 말 - 안철수 새정치 이야기》는 이 점에서 정치 개혁과 실천의 이정표가 되리라 생각합니다. 김상봉 님의 자원봉사 이야기가 많은 국민들에게 읽혀져 화제가 되고, 실천의 모범이 되리라는 것을 확신합니다.

2013년 7월 20일
고려대학교 교수 장하성

'어떻게 하면 많은 분들이 안철수 새정치를 잘 이해하는 데 도움을 드릴 수 있을까?' 이런 고민을 하면서 정연하고 세련되지 않지만 제가 안철수 후보 곁에서 보고 느낀 바를 진솔한 말로 전달하고 싶어서 펜을 들었습니다.

서울 노원(병) 보궐선거는 지역 주민뿐만 아니라 국민의 이목이 집중된 선거였습니다. 우리 국민은 패러다임, 모습, 역할 등 전반적으로 새로워진 정치, 즉 새정치에 대한 욕구를 분출시키고 있지만 지금의 정치에선 그것을 담아낼 그릇이 보이지 않기 때문이었습니다.

노원(병) 선거에 자발적으로 참여하여 봉사하는 동안 온몸으로 느끼고 배운 새정치의 모습은 저에게 무척 신선한 모습으로 다가왔으며 활기차고 정의로운 미래를 여는 열쇠를 발견한 느낌이었습니다. 결과에 대한 집착보다 새정치의 가치를 전달하기 위한 안철수 후보의 모습이 무척 아름다웠습니다. 안철수의 새정치는 주권재민(主權在民)과 실사구시(實事求是)로 축약된다고 생각합니다.

누구나 안철수의 새정치를 쉽게 이해하고 함께 공감하길 바라는 간절한 마음이 이 책을 펴내게 하였습니다. 이 마음이 여러분을 통하여 국민 속으로 스며든다면 안철수 새정치의 꽃은 활짝 필 것으로 믿습니다.

안철수 후보가 새정치를 염원하는 국민들 요구의 기폭제가 되었다면 이제는 새정치를 실천할 많은 사람들의 열망이 들불처럼 타오를 때입니다. 새정치는 혼자 할 수 없습니다. 함께 실천해야 이뤄낼 수 있습니다. 새정치 실천가가 되고자 하는 모든 이들은 시대정신을 인식하고 결단해야 합니다.

안철수 후보의 당선을 진심으로 축하드리며 노원(병)에서 함께한 자원봉사자들과 새정치실천단 여러분에게 감사를 드립니다. 그리고 지금까지 변함없이 지도해주시는 저의 멘토 여러분, 하늘에 계신 아버님과 흙과 더불어 사시는 어머님, 그리고 사랑하는 아내와 두 아들에게도 진심으로 고마움을 전합니다. 안철수의 새정치로 새 시대를 열어가겠다는 분들과 새정치의 뜻을 더욱 깊이 알고자 하는 모든 분들에게 이 책이 도움이 되었으면 합니다.

2013년 여름, 나주 들녘을 바라보며

김상봉

www.facebook.com/storywithheart

1 안철수 새정치란 무엇인가?

2 새정치는 승리할 수밖에 없었다

5 새정치는 모험이 아니었다

6 새정치 선거운동의 지인 찾기

1

안철수 새정치란
무엇인가?

대한민국 헌법 1조 2항에서는
'대한민국의 주권은 국민에게 있고 모든 권력은 국민으로부터 나온다'고
명시하여 규정하고 있습니다.
헌법에서도 국민 주권에 대한 가치 부여와 존엄성을 강조하고 있습니다.
실사구시 정신으로 국민의 삶 속으로 파고들어
국민들의 아픔을 직접 눈으로 보고, 직접 귀로 듣고, 직접 손으로 만져 보아야 합니다.
정치인 스스로 온몸으로 체험하고 느끼면서
객관적 사실을 통하여 정확한 판단과 해답을 찾아야 합니다.
새정치는 쉽습니다.
멀리 있지도 않습니다.
우리 주변에 언제나 함께하고 있습니다.

안철수 새정치란
무엇인가?

국민을 위한 실천이고 초심입니다.
근본은 주권재민이요, 행동은 실사구시입니다.

주권재민,
새정치의 모든 권력은
국민으로부터 나온다

민주주의는 국가의 주권이 국민에게 있는, 국민을 위한, 정치제
도입니다. 그래서 민주주의는 주권재민이 근본이요, 기초입니다.

미국의 링컨은 게티즈버그 연설에서,

'국민의, 국민에 의한, 국민을 위한 정치'라고 했습니다.

민주주의의 근본인 주권재민을 가장 잘 표현한 말입니다.

다산 정약용은 이렇게 말했습니다.

"왕은 하늘에서 떨어지거나 땅에서 솟아난 것이 아니라 백성
들이 상향식으로 추대한 것이요, 목민관은 국민을 위해 있는 것
이다. 정치란 바르게 하는 것이며 우리 백성을 고루 살게 하는
것이다."

백성들은 땅으로 농토를 삼는데 관리들은 백성들을 전답으로
삼아 부패한 사회가 되어 그 시대를 개혁해야 한다며 백성을 중

심에 놓고 주권재민을 바탕으로 세상을 보았습니다.

독립협회의 개화사상에서도 국민이 나라의 주인이며 주권이 국민에게 있다는 국민주권 사상을 정립하며 "백성이 나라의 주인이고 관리는 백성의 심부름꾼이다"라고 했습니다.

대한민국 임시의정원은 주권재민, 3권 분립의 민주정 원칙에 입각한 민주공화정을 채택해 헌법에 반영했습니다.

그리고 대한민국 헌법 1조 2항에서는 대한민국의 주권은 국민에게 있고 모든 권력은 국민으로부터 나온다고 명시하여 규정하고 있습니다. 헌법에서도 국민 주권에 대한 가치 부여와 존엄성을 강조하고 있습니다.

민주주의 국가인 우리나라에서는 대통령도, 정치인도, 대기업 회장도, 특정 개인도, 그 어떠한 법률도 국민 위에 군림할 수 없습니다.

옛날이나 지금이나 정치는 국민을 떠나 할 수도 없고 해서도 안 되는 진리인 것입니다.

새정치는 실사구시 정신으로
국민의 삶 속에서 해답을 찾아야 한다

우리나라 정치제도는 직접민주주의입니다. 하지만 정치의 효율성을 높이기 위해 간접민주주의를 채택하고 있습니다. 대통령, 국회의원, 단체장 등을 국민의 손으로 선거를 통해 선출하는 대의민주정치를 합니다. 국민이 주인이나 이들에게 일정 기간 권력을 위임하여 심부름을 시키고 있는 것입니다. 당연히 국민이 뽑은 심부름꾼은 주인인 국민을 위해 봉사하고 헌신해야 합니다.

하지만 기성 정치인들은 국민을 위한 대의정치를 망각하고 사리사욕을 채울 도구로 권력을 이용하고 있습니다. 국민들을 위한 법 제·개정 등 우리나라 사회 문제 해결, 특히 최우선적으로 민생 문제를 해결하는 정치를 해야 함에도 불구하고 외면하고 있습니다.

국민이 경고를 해도 말을 듣지 않는다면 국민이 직접 일어나

정치는 국민을 위해 존재한다는 것을 기성 정치인들에게 일깨워 주어야 합니다.

기성 정치인은 모든 기득권을 내려놓고 국민 모두가 다같이 행복하게 잘 사는 나라를 만드는 데 정치의 기초를 두어야 할 것입니다.

실사구시 정신으로 국민의 삶 속으로 파고들어 국민들의 아픔을 직접 눈으로 보고, 직접 귀로 듣고, 직접 손으로 만져 보아야 합니다. 정치인 스스로 온몸으로 체험하고 느끼면서 객관적 사실을 통하여 정확한 판단과 해답을 찾아야 합니다.

이제 대한민국 정치가 민주주의의 기본정신인 주권재민의 기본으로 돌아가 꼼수가 아닌 진심 정치, 가슴 정치를 펼쳐야 합니다.

머리로 말만 하는 것보다 가슴으로 행동하는 새정치가 필요할 때입니다.

새정치의 근본은 주권재민이요,
행동은 실사구시이다

나는 새정치를 몸으로 느끼며 체험하고 싶었습니다.

노원(병) 국회의원 보궐선거에서 한 달여 자원봉사를 하면서 몸으로 체험하고 느낀 구정치와 새정치를 이야기하고 싶었습니다.

누군가는 새정치와 구정치에 대해 또 다른 말을 할 수도 있지만 선거과정에서 직접 온몸으로 체험하고 느낀 것이기에 조심스러우면서도 힘주어 말하고 싶습니다.

자원봉사로 선거에 참여하기 전에는 새정치를 잘못 알고 있었습니다. 나는 안철수의 새정치를 새로운 대안을 제시하는 정치로 풀어서 쓰면 국민들이 보다 이해하기 쉽고 확실히 전달될 수 있다고 생각했습니다. 그런데 새정치는 새로운 것을 만들어 가는 것이 아니었습니다.

안철수의 새정치는 정치의 기본으로 다시 돌아가는 것, 국민과 소통하는 것, 서로 화합하고 같이 뜻을 모아 통합하는 것, 단순히 이념을 바꾸는 것이 아니라 실제로 민생을 해결하고자 하는 정치였습니다. 선거운동을 하면서 안철수 후보가 새정치에 대해 직접 말했습니다.

"민생 문제를 해결하는 게 정치입니다. 삶이 힘들고 고달픈 분들, 목소리를 내기에 지친 분들, 그분들의 목소리를 대변하는 것이 정치입니다. 새정치는 없던 것을 새롭게 만드는 게 아닙니다. 원래 정치가 해야 할 일을 하자는 겁니다. 정치의 원래 모습으로 돌아가자는 겁니다. 서민과 중산층을 위한 정치가 새정치입니다. 민생 문제를 최우선으로 해결하는 정치가 새정치입니다. 많은 정치인들이 이미 말씀하셨습니다. 그렇지만 가장 중요한 것은 실천입니다. 그리고 초심입니다."

고덕천 전 국방대학교 부총장이 마들역 공감 토크에서 "실현 가능한 것이 아니면 표를 위해서 정책을 만들지 말라는 안철수 후보의 생각도 마음에 들었습니다. 말한 것을 분명히 지키고 실천할 사람입니다"라고 말했습니다.

안철수 후보는 실사구시의 방법으로 국민과 소통하고 공감하면서 새정치를 책임질 수 있는 정치인으로 성공할 수 있다는 확신을 심어주었습니다.

그래서 나는 안철수의 새정치가 정치의 원래 모습으로 돌아가는 것은 민주주의의 근본이고 기초가 되는 主(주인 주) 權(권리 권) 在(있을 재) 民(백성 민)이고, 새정치의 행동은 국민들의 삶 속에서 답을 찾는 실사구시(實事求是) 정신이라는 것을 깨달았습니다.

　바로 안철수의 새정치는 국민을 위한 실천이요, 초심입니다. 새정치의 기본은 주권재민이요, 행동은 실사구시입니다.

새정치는
누구나 쉽게 이야기하고
공감되어야 한다

자원봉사 활동을 하면서 구정치와 새정치에 대해 느낀 점을
메모하여 안철수 후보에게 드렸는데 나와 생각이 같았습니다.

　이곳에 와서 자원봉사 활동을 하면서 제가 몸으로 느낀 구정
치와 새정치입니다. 구정치는 구(입)정치이고 새정치는 신(신발)정
치입니다. 구정치는 입으로 하는 정치요, 새정치는 발로 뛰는 정
치입니다. 그리고 구정치는 책상 정치요, 새정치는 현장 정치입니
다. 참고 되셨으면 좋겠습니다. 김상봉 올림.

　안철수 후보가 본인의 트위터에 직접 글을 올렸습니다.
　"자원봉사자 분께 들은 말입니다. 구정치의 구자는 입 구자이
니 말로만 하는 정치이고, 신정치는 신 신고 열심히 발로 뛰고

행동으로 옮기는 정치랍니다."

같은 내용으로 언론에도 보도되었습니다.

자원봉사 활동을 더욱더 열심히 했습니다. 말보다는 행동으로, 머리보다는 가슴으로 하기 위해 노력했습니다.

새정치와 구정치에 대해 누구나 쉽게 이야기하고 공감할 수 있는 표현을 하고 싶었습니다.

그래서 계속 자원봉사 활동을 하면서 온몸으로 체험하고 배우고 느낀 새정치와 구정치를 할머니, 할아버지, 아저씨, 아주머니, 어린이까지도 대한민국 국민이면 누구나 쉽게 이해할 수 있는 내용으로 정리해 보았습니다.

정치는 섬김이다.

구정치는 찾아오는 섬김이요, 새정치는 찾아가는 섬김이다.

구정치는 혼자 선동하는 정치요, 새정치는 함께 공감하는 정치다.

구정치는 구호 정치요, 새정치는 생활 정치다.

구정치는 줄을 서기 위한 한 사람을 보는 정치요, 새정치는 국민을 위한 국민 모두를 보는 정치다.

구정치의 만남은 머리로 만나는 것이요, 새정치의 만남은 가슴으로 만나는 것이다.

물론 안철수 후보가 말했듯이 새정치에 대해서 많은 사람들이 이미 아는 것이고, 이미 말들을 했습니다. 하지만 새정치는 민(民)을 위한 실천이요, 초심입니다.

　앞으로 새정치를 더 배우고 느끼며 실천하면서 누구나 쉽게 이해할 수 있도록 새정치를 갈망하는 모든 분들과 함께 보다 더 쉽게 정리하겠습니다.

이제 새정치 실천가가
많이 나와야 한다

옛날에는 하늘에 순응하거나 거스른 자는 하늘이 흥하게 하거나 망하게 한다고 했지만, 지금은 국민에 순응하거나 거스른 자는 국민이 흥하게 하고 망하게 합니다. 모든 권력을 국민에게 되돌려준다면 새정치는 반드시 이루어질 수 있습니다.

기성 정치인들이 새정치를 하기 위해서는 먼저 모든 특권과 권위를 스스로 내려놓고 주권재민 정신으로 돌아가야 합니다. 잘못된 정치의 새로운 대안을 찾기보다는 헌법에서 보장하는 주권재민의 기본정신으로 돌아가야 합니다.

그리고 국민의 삶 속으로 들어가 말이 아닌 가슴으로 행동해야 합니다. 국민과 소통하고 공감하는 정치를 한다면 새정치는 누구나 함께 할 수 있습니다. 새정치는 쉽습니다. 멀리 있지도 않습니다. 우리 주변에 언제나 함께하고 있습니다.

국민이 주인이 되어 함께 소통하고 공감하며 현실에서 답을 찾는다면 다함께 잘 살 수 있는 새정치의 시대가 활짝 꽃 피우리라 확신합니다.

  국민 누구나 새정치가 실현가능하다는 확신을 가지고 함께 했으면 좋겠습니다. 그리고 새정치를 온몸으로 실천하며 전파할 수 있는 실천가들이 많이 나왔으면 더욱 좋겠습니다.

2

새정치는
승리할 수밖에
없었다

새정치는
승리할 수밖에 없었다

같은 뜻을 가진 분들끼리 열린 마음으로 대화하는 것은 언제나 환영이지만
정치공학적인 접근은 하지 않겠습니다. 만날 기회가 있다면 당연히 만나
열린 마음으로 대화하는 것은 언제든지 환영합니다.
저는 온몸을 던져 국민과 함께 새정치의 씨앗을 반드시 싹틔워 낼 것입니다.
정치는 혁신되어야 하며 저는 기득권 논리에 결코 굴하지 않겠습니다.
낡은 정치가 지속된다면 새정치로 정면 승부하겠습니다. 기득권을 지키려는
거대한 힘에 새정치를 세우려는 국민적 열망으로 맞서겠습니다.

안철수 후보, 야권 단일화에 얽매이지 않고
흔들림 없는 초심으로 정면 돌파하다

야권 단일화는 노원(병) 선거구에서 처음부터 뜨거운 감자였습니다.

하지만 안철수 후보는 이번 선거를 통해 국민들에게 새정치의 가치를 전달하는 것이 큰 목표 중의 하나였기에 열린 마음으로 대화하는 것은 환영하지만 선거를 이기기 위한 야권 단일화를 하는 정치공학적인 접근은 하지 않겠다고 처음부터 선언했습니다.

처음 안철수 후보에게 노원(병) 지역구 분위기는 그리 좋지 않았고 싸늘한 분위기까지 감지되었습니다. 그럼에도 안철수 후보는 새정치의 가치를 전달하기 위해 흔들림 없는 초심으로 스스로를 지켜가며 정면 돌파했습니다.

결과적으로는 정치공학적인 야권 단일화를 하지 않고도 노회

찬 전 의원이 야권 단일 후보로 출마하여 득표한 57.2%(2위 새누리당 허준영 후보 39.6%)를 넘어 안철수 후보는 60.5%(2위 새누리당 허준영 후보 32.7%)를 득표할 수 있었습니다.

새정치의 가치가 충분히 유권자들에게 전달되고 새정치를 바라는 국민들이 함께 공감해준 결과입니다. 특히 새누리당을 지지하는 많은 분들도 새정치에 동참한 결과입니다.

변함없이 새정치를 말하면서 몸소 실천에 옮긴 안철수 후보의 노력은 결코 우연이 아닙니다. 새정치 실천을 결의하는 선거였습니다. 정치에서도 진실은 통한다는 사실을 확인한 선거였습니다.

안철수 후보가 선거 과정에서 말했던, 한 마디 한 마디에는 새정치 의지가 녹아 있습니다.

미국에서 귀국하면서 노원(병) 국회의원 보궐선거에 출마를 선언하며 새정치를 위해 어떤 가시밭길도 가겠다고 다짐했습니다.

지난 후보 사퇴에서 새정치를 위해선 어떤 가시밭길도 가겠다고 약속드렸습니다. 이제 그 약속을 지키려면 더 낮은 자세로 현실과 부닥치며 일궈 나가야 한다고 생각합니다. 새로운 정치, 국민이 주인이 되는 국민을 위한 정치를 위해 어떤 가시밭길도 가겠습니다. 현실과 부닥치며 텃밭을 일궈가겠습니다. 저는 국민 위에 군림하고 편을 갈라 대립하는 높은 정치 대신에 국민의 삶과 국민의 마음을 중하게 여기는 낮은 정치를 하고 싶습니다. 이번 서울 노원 (병) 국회의원 선거 출마는 그 시작이라고 생각합니다.

야권 단일화에 대한 그의 생각은 변함없었습니다.

야권 단일화 가능성에 대해서는 같은 뜻을 가진 분들끼리 열린 마음으로 대화하는 것은 언제나 환영이지만 정치공학적인 접근은 하지 않겠습니다. 만날 기회가 있다면 당연히 만나 열린 마음으로 대화하는 것은 언제든지 환영합니다.

국회의원 예비등록 후에는 노원에서 서민과 중산층을 위한 새로운 정치의 출발을 선언했습니다.

노원구는 중산층과 서민이 많이 거주하는 대한민국 대표 지역입니다. 노후 문제, 주거 문제, 교육 문제 등 대한민국의 관심사와 현안들이 농축되어 있는 곳입니다.

여러분의 노후 걱정, 주거 걱정, 교육 걱정을 같이 나누겠습니다. 낯설고 새로운 길이, 눈 감고도 찾아갈 수 있는 길이 될 때까지 골목골목 찾아뵙겠습니다.

여러분 한 분 한 분의 마음을 소중히 담아내겠습니다. 주민 여러분과 더불어 한숨 짓고, 더불어 땀 흘리고, 더불어 희망을 노래하겠습니다. 노원에서 서민과 중산층을 위한 새로운 정치의 출발을 하겠습니다.

언론사와의 인터뷰를 통해서는 이번 선거의 의미를 국민과 함께 정치를 바로 세우는 것이라고 규정하고 싶다고 했습니다.

이번 선거에서 또 단일화를 앞세운다면 정치 변화를 바라는 국민 요구를 잘 담아내기 힘들 수 있습니다.

새정치의 가치를 앞세우고 정면승부하고 싶습니다.

처음부터 어려운 선거라고 생각했습니다.

처음부터 노원(병) 선거가 쉽지 않다고 생각한 이유가 평일 열리는 재보선으로 투표율도 낮고 지역도 전국적으로 세 군데밖에 없어서 결국 조직선거가 될 수밖에 없습니다.

이번 선거의 의미를 국민과 함께 정치를 바로 세우는 것이라고 규정하고 싶습니다.

새정치라는 것이 지금까지 없었던 것, 전혀 새로운 것을 만드는 게 아닙니다. 정말 정치가 해야 할 기본적인 일을 하자는 게 새정치입니다.

　서민과 중산층의 목소리를 대신 내주는 것이 새정치라고 봅니다.

　갈등과 대립만 하면서 결과물을 내놓지 못한다든지 민생은 도외시하고 다른 부분에 대해 경쟁하는 게 아니라 민생 문제를 해결하는 정치가 새정치입니다.

　상계동 주민 분들을 만나면서 많은 가르침과 깨달음을 얻었습니다. 이런 과정을 거치지 않고 정치를 했다면 실수를 많이 할 뻔했습니다. 저에게 이런 기회를 주신 주민들께 감사합니다.

자원봉사자들에게는 이번 선거 승리를 위해서 지인 찾기, 조기 투표 홍보, 새정치의 가치를 전달하는 운동이 되어야 한다고 강조했습니다.

　이번 선거는 쉬운 선거가 아닙니다.

　재·보궐선거의 투표율을 본다면 조직이 튼튼한 후보가 유리합니다.

　그리고 이곳 상계동은 서울의 최북단에 있기 때문에 다른 곳보다 출근을 1시간 가량 빨리 합니다. 출근하시는 일반 유권자들이 안철수를 지지하고 있기 때문에 출근 시간을 고려한다면 결코 쉬운 일이 아닙니다.

하지만 절대 정치공학적인 야권 단일화는 하지 않겠습니다. 지금 거론되고 있는 모든 후보들이 전부 등록을 한다는 가정 하에서 자원봉사 활동을 해주었으면 좋겠습니다.

나는 새정치의 가치를 키우기 위해 이곳 노원에서 출마를 했고 지금도 선거운동을 준법 속에서 열심히 하고 있습니다. 여러분도 우리나라의 정치를 바꾼다는 생각을 가지고 준법 속에서 최선을 다해 주십시오.

자원봉사자 여러분들께 3가지를 요청 드립니다.

'지인 찾기', '조기 투표 홍보', '새정치 가치 전달'이 중요합니다. 중산층과 서민을 위한, 민생 해결을 위한 정치, 노원구민의 실질적 삶의 질을 높여주는 그리고 우리의 삶을 바꿔보는 선거가 되도록 최선을 다합시다.

가시밭길이라도 망설임 없이 여러분과 함께 가겠습니다.

후보 등록 후에는 줄마의 변을 통해 온몸을 던져 국민과 함께 새정치의 씨앗을 반드시 틔워 낼 것이라고 약속했습니다.

낡은 정치를 청산하고 정치의 기본을 바로 세우라는 시대의 사명과 국민의 열망에 따르겠습니다.

이번 노원(병) 보궐선거는 대한민국 정치를 바꾸는 전국 선거입니다. 새정치의 씨앗을 뿌리고 싹을 틔우는 단초가 노원(병)에서 만들어질지 많은 국민이 지켜보고 있습니다.

정치가 바뀌어야 우리의 삶이 바뀝니다. 반대를 위한 반대로 지새우는 정치, 상식이 통하지 않는 정치, 사익을 추구하는 정치, 적대적 공생관계를 유지하는 낡은 정치는 더 이상 안 됩니다.

저는 낡은 정치를 바꾸고 정치의 기본을 바로 세우지 못한다면 우리 대한민국은 결코 앞으로 나아갈 수 없다는 절박감을 갖습니다.

새정치는 정치를 바꾸고 민생을 살리는 정치입니다. 국민들은 기회의 격차에 좌절하고, 사회지도층의 부패에 절망하고 있습니다.

새정치가 필요합니다. 권력은 정의로워야 하고, 정치는 문제를 해결해야 합니다.

사회는 기회의 사다리와 촘촘한 복지 그물망으로 잘 짜여져야 합니다. 열심히 살아가는 국민들이 희망과 미래를 이야기할 수 있어야 합니다.

정치의 기본을 바로 세워 성실하게 살아가는 국민 한 사람 한 사람의 땀과 정성을 희망의 새 그릇에 담아내는 것, 그것이 새정치입니다.

저는 온몸을 던져 국민과 함께 새정치의 씨앗을 반드시 틔워낼 것입니다. 이번 선거에 임하는 저의 입장을 말씀드리면 정치는 혁신되어야 하며 저는 기득권 논리에 결코 굴하지 않겠습니다.

낡은 정치가 지속된다면 새정치로 정면 승부하겠습니다. 기득권을 지키려는 거대한 힘에 새정치를 세우려는 국민적 열망으로 맞서겠습니다.

퇴근길 인사에서도 새정치의 길을 가겠다고 했습니다.

민생을 먼저 챙기는 새정치의 길을 가겠습니다.

아무리 먼 길이라도, 아무리 어두운 길이라도, 아무리 따가운 가시밭길이라 해도 뚜벅뚜벅 나아가겠습니다.

선거운동 첫 유세에서 새정치는 정치의 원래 모습으로 돌아가 할 일을 하는 것으로 국민을 위한 실천이요, 초심임을 강조했습니다.

민생 문제를 해결하는 게 정치입니다.

삶이 힘들고 고달픈 분들, 목소리를 내기에 지친 분들, 그분들의 목소리를 대변하는 것이 정치입니다.

새정치는 없던 것을 새롭게 만드는 게 아닙니다. 원래 정치가 해야 할 일을 하자는 겁니다. 정치의 원래 모습으로 돌아가자는

겁니다. 서민과 중산층을 위한 정치가 새정치입니다. 민생 문제를 최우선으로 해결하는 정치가 새정치입니다. 많은 정치인들이 이미 말씀하셨습니다. 그렇지만 가장 중요한 것은 실천입니다. 그리고 초심입니다.

후보들의 공약은 비슷합니다.

모든 공약을 다 실현할 수는 없습니다.

재정의 문제 때문에 우선순위를 정해야 하는데 거기서 그 사람의 가치관, 그 사람이 진심으로 가치 있다고 믿는 것들이 반영됩니다. 가치관, 살아온 삶의 흔적들, 진심으로 믿는 것들에 대해서 판단하셔서 뽑으시면 좋겠습니다.

공감 토크에서 바람(風)은 계산하는 것이 아니라 극복하는 것이라 했습니다.

　기득권 세력들의 어떤 방해와 압력도 새정치와 국민을 위한 책임감으로 넘어서겠습니다.

자원봉사자들과 함께한 자리에서 새정치 선거운동 약속을 지켜가며 흔들림 없이 노력하자고 당부했습니다.

　선거는 1주일 남았지만 투표는 이틀이 지나면 시작됩니다.
　바로 조기 투표가 19일부터 시작됩니다.
　조기 투표에 많은 분이 참여할 수 있도록 최선을 다합시다.
　거리 유세도 주민들이 직접 참여하는 공감 토크 형식으로 진행하고 있습니다. 반응이 매우 좋습니다. 유세 방식도 연설에서 토크 형식으로 바꾼 것도 새정치 선거운동이라고 생각합니다.
　지금 국민들이 노원을 바라보고 있습니다. 새정치를 바라보고

있는 것입니다.

정부와의 대립도 인정할 것은 인정하면서 대립각을 세우는 것은 적절한 단어를 인용하여 대립을 하고 있습니다.

국민들만 바라보고 판단할 것입니다.

안철수의 새정치가 튼튼히 뿌리를 내리고 희망의 싹을 틔울 수 있도록 말한 내용은 있는 그대로 투명하게 진실을 믿어 주었으면 좋겠습니다.

요즘 다른 후보들은 거리 유세장에서 이런저런 말을 하며 네거티브 선거를 하고 있습니다. 앞으로 더욱 거세질 수 있지만 우리는 준법 속에서 새정치 선거운동을 해야 합니다. 남은 기간 열심히 하면서 마지막까지 방심하지 말고 최선을 다해 마무리를 잘 했으면 좋겠습니다.

저는 반칙 없는 선거, 네거티브 없는 선거를 하겠다고 약속했고 그 약속을 지키기 위해 흔들림 없이 노력하고 지켜내고 있습니다.

지금 새정치를 위해 고생하고 계시는 분들의 노고는 절대 잊지 않겠습니다. 우리 다같이 힘을 냈으면 좋겠습니다.

선거운동 마지막 날 공감 토크에서 말이 아닌 실천하는 새정치를 이야기했습니다.

서민과 중산층을 위한 정치
작은 목소리를 대변하는 정치
민생을 해결하는 정치
말이 아닌 실천하는 정치
저는 새정치를 노원에서 시작하겠습니다.
우리의 힘으로 정치를 바꾸고 우리의 미래를 우리의 힘으로 만들어갑시다.

'정치 좀 제대로 해달라, 힘없는 사람 좀 도와달라'는 말씀 꼭 기억하겠습니다.

그 마음으로 새정치를 꼭 이루어내겠습니다.

안철수 후보는 해단식에서 눈물을 흘리면서 새정치를 가슴에 새기고 뚜벅뚜벅 가겠다고 했습니다.

'지금까지 해온 것처럼 한 번도 가보지 않은 길 뚜벅뚜벅 걸어가면 늘 응원하겠다'는 말씀 잊지 않고 가슴에 새기겠습니다.

여러분이 계셔서 제가 여기까지 왔습니다. 이제 멀고 더 험한 길을 갑니다.

새정치의 길, 뚜벅뚜벅 나아가겠습니다.

이번 노원(병) 선거에서 안철수 후보는 국민들에게 새정치의 가치를 전달하기 위해 어려운 선거과정에서도 흔들림 없는 초심을 지키고 인내하며 단일화나 네거티브에 얽매이지 않고 새정치로 정면 돌파했습니다.

결과는 당선 득표율 60.5%가 말해주듯, 정치공학적인 야권단일화를 거부한 새정치의 가치 전달이 승리했습니다.

3

나도 안철수 새정치가
궁금했다

나도 안철수 새정치가
궁금했다

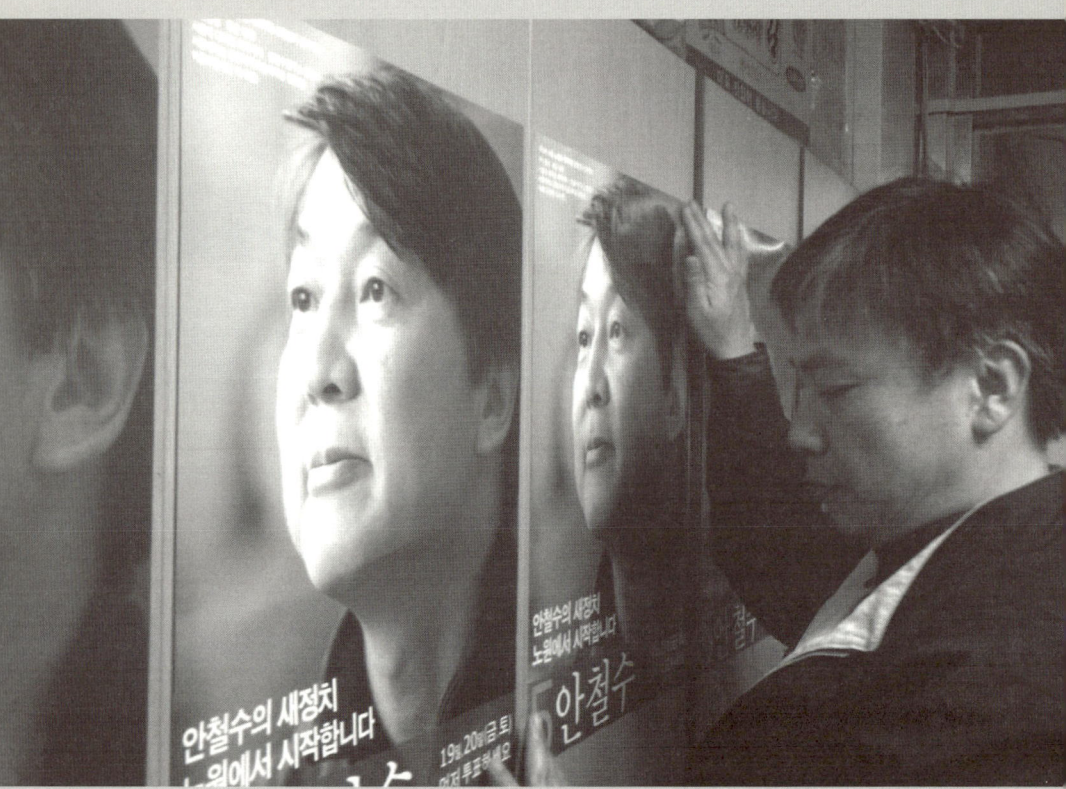

안철수 현상은
새정치의 돌직구였다

2011년 서울시장 보궐선거와 안철수 현상은 정치권에 태풍을 몰고 왔습니다. 계파정치와 당리당략 등으로 불신과 비난을 받는 대한민국 기성정치에 대하여 안철수 현상은 새로운 대안으로서 기대와 바람이 한꺼번에 활화산이 되어 폭발했던 것입니다.

나는 안철수 현상을 새로운 것과 낡은 것, 부패와 반부패로 규정했습니다. 낡은 정치가 싫었고 권력을 주면 부패되는 기성 정치인들이 싫었습니다.

그러나 안철수의 삶은 끊임없는 도전과 성공, 미래에 대한 진지한 고민과 성찰, 항상 타인을 존중하고 배려하는 탈권위적인 모습 등에서 여러 가지 매력을 느꼈습니다.

안철수는 의사였고, 벤처기업가였고, 교수였습니다. 그가 살아온 삶에 대해 국민들은 안철수의 새정치에 대해 상대평가가 아닌 절대평가에서 후한 점수를 주었습니다.

적어도 이런 사람이면 권력을 가져도 부패하지 않을 것 같았고, 국민들의 미래 삶에 대한 깊은 성찰과 비전을 제시할 수 있으며, 정치에 희망을 줄 것 같았습니다. 인권과 민주에 대한 확신이 생겼습니다.

기성정치권을 교체할 수 있는 유일한 대안인 안철수 현상은 지금도 진행 중입니다. 나는 안철수 현상을 유일한 개혁정치로 받아들였습니다. 그래서 나에게 안철수 현상은 새정치의 돌직구였습니다.

그래, 가자. 노원(병)으로!

나는 지난 대선 때 광주·전남지역 전·현직 지방의원 안철수 지지선언과 광주 전남 시·도민 1만여 명의 안철수 지지선언을 이끌어내며 안철수 새정치에 동참했습니다.

하지만 수많은 국민들의 염원에도 불구하고 안철수의 새정치 바람은 잠시 멈추고 말았습니다. 안철수는 대통령 후보 등록을 앞에 두고 새정치의 가치를 전달하기 위해 스스로 결단을 내렸습니다. 후에 안 일이지만 공약집인 《안철수의 약속》이라는 책도 발간했더군요.

그것은 국민과의 약속을 지키기 위해서였습니다. 민주당 문재인 후보와의 단일화 약속을 지켰습니다. 새정치의 가치 전달을 위해 스스로 후보직을 내려놓은 겁니다.

나는 새정치를 몸으로 체험하고 느끼며 전파하고 싶었지만 모든 것을 뒤로하고 언젠가는 다시 기회가 올 것이라고 믿고 기다려야만 했습니다.

그런데 생각보다 기회는 빨리 왔습니다. 미국에서 돌아온 안철수는 노원(병) 보궐선거 출마를 선언했습니다. 노원(병) 보궐선거에 참여하여 안철수의 새정치를 알고 싶었습니다. 캠프 합류를 위해 여러 지인들에게 수소문했지만 쉬운 일이 아니었습니다.

그래서 하루는 나의 멘토들과 회의를 했습니다. '어떻게 하면 좋겠는지? 방법은 없는지?'에 대해 선배들, 친구들, 후배들과 지혜를 모았습니다. 결론은 맨몸으로라도 노원(병)에 직접 가서 봉사하라는 것이었습니다.

창환 선배께서 이런 말을 했습니다.

"도요토미 히데요시는 추운 겨울 오다 노부나가 장군의 신발을 품에 품고 있다가 따뜻한 신발을 내놓는 등 정성을 다해 인정을 받았다. 새정치를 위해 안철수와 함께하고 싶다면 마음을 비우고 노원으로 가서 가슴으로 실천해 보아라."

그래, 가자. 노원(병)으로! 가슴으로 느끼고 실천하자!

언젠가를 기약했던
간절한 사연

새정치에 동참하고 싶어하는 나를 위해 여러 사람들이 지혜를 모으고자 회의까지 했던 간절한 사연이 있습니다.

나는 동신대학교 총학생회장, 정당 당직자 생활, 국회 보좌진 생활 등 젊은 시절부터 정치인이 되기 위한 길을 걸었습니다.

그리고 2006년 도의원에 당선되어 전라남도의회에서 의정 활동도 했습니다. 없이 살아도 할 수 있고, 될 수 있다는 것을 보여주고 싶었습니다.

그런데 '호별 방문'이라는 선거법에 저촉되어 의원직을 상실하고 말았습니다. 시골의 특성상 대문이나 담이 없는 집이 허다합니다. 어르신들이 마루에 앉아 이야기를 나누면서 선거운동을 위해 골목골목을 누비는 나를 보고 "더우니 물이라도 한 잔 마시고 가소" 하시면 어쩔 수 없었죠.

어르신들의 격려로 마루에 앉아 물 한 잔 마신 것이 결국은 호별 방문이 되어 의원직을 상실하고 말았습니다. 몇몇 사람들이 의도적으로 연판장을 돌려 고발했던 것입니다.

그때는 모든 것이 끝나는 것 같았습니다. 한 것이라고는 발품만 팔았을 뿐인데, 하늘도 무심하다고 생각했습니다. 아내를 출마시켜 명예를 회복하라는 여론도 많았습니다. 하지만 난 거절했습니다.

내가 정치를 하려고 한 것이지 우리 집안이 정치를 하려고 한 것이 아니었기 때문입니다. 그래서 가족과 집안, 지인들에게 절대 여론에 동조하지 말도록 당부하며 설득을 시켰습니다.

연판장을 주도했던 사람들이 밝혀졌습니다. 나보다 주변 사람들이 더 흥분해 그 사람들을 원망했습니다. 재·보궐선거가 실시되었습니다. 그런데 나를 대신해 출마한 후보가 떨어지고 말았습니다. 믿어지지가 않았습니다. 어떻게……

내가 떨어진 것도 아닌데……. 소리 없이 많이 울었습니다.

하루는 초등학교 2학년 아들 녀석이 나에게 묻더군요. 아무것도 모르면서 아빠가 도의원이라고 자랑하고 다녔던 녀석입니다. 그런데 학교에서 아이들에게 아빠에 대한 말을 듣고 마음에 상처를 받았나 봅니다. '아빠가 무슨 죄를 지었냐'고? 아무 말도 못했습니다. 법은 법이니까요. 그래도 아들을 위해, '부끄러워 말고 아빠를 믿어 달라'고 했습니다.

결국 더 이상 이곳에 있으면 가족들의 상처가 깊어질 것이라는 생각이 들었습니다. 그때 나는 우울증은 물론 대인기피증까지 생겼습니다.

선거 때는 사람들이 모여 있는 곳이면 무조건 찾아가서 인사를 했던 나였는데 어느 순간부터는 알고 지내는 사람들조차도 만나는 것 자체가 무서워졌습니다.

나보다는 아무것도 모르는 아이들과 아내가 더 걱정이 됐습니다. 그래서 언젠가를 기약하며 광주로 이사를 했습니다.

벌써 7년이라는 세월이 흘렀습니다. 30대 후반이었던 내가 40대 중반이 되었고 초등학교 2학년 큰애는 중2가 되었습니다.

힘들 때마다 나는 손을 꼭 움켜쥐면서 되새겼습니다.

'헌신해야 한다. 정치 현실의 가장 밑에서부터 헌신하면서 다시 배우리라.'

영산포에 가면 지금도 주민들은 말합니다. 젊고 부지런한 김상봉이 가장 깨끗한 선거를 치렀다고 합니다.

당시 지역신문에 나왔던 기사 중에 내 가슴속에 담아 둔 것이 있습니다.

"선거법 위반으로 당선 무효된 김상봉 전 의원에 대한 동정론이 많아 꽃샘추위의 살벌한 선거 바람 속에서도 사람 냄새가 풍

겨난다. 말 많았던 네거티브 선거전에서도 유일하게 김상봉 전 도의원만이 타 후보를 비방하지 않았고 상대방 후보 측에서도 김상봉의 인물됨을 인정했다."

정치 신인으로서 한 점 부끄럼 없는 선거를 했습니다. 돈도 쓰지 않았습니다. 쓴 것이라고는 선거기간 중 닳은 신발 3켤레였습니다. 시골은 아침 일찍 논길과 밭둑길을 걸어 어르신들을 논밭에서 만나야 하기 때문에 신발이 빨리 닳습니다.

바닥이 닳기도 하지만 물과 흙 때문에 접착된 부분이 떨어지기 일쑤죠. 그동안 자격정지 5년을 겸허히 받아들이고 자숙하는 마음으로 정치활동을 하지 않았습니다. 지금은 투표도 할 수 있고 피선거권도 주어졌습니다.

이제는 주변에서 나의 절실한 마음을 이해해 주고 다시 정치를 시작하라고 하며 관심과 격려를 보내 주시는 분들도 많습니다.

상봉이
새정치 현장으로 들어가다

나의 절실한 마음을 하늘에서 알았는지 노원캠프에서 자원봉사 할 수 있는 길이 열렸습니다. 내가 좋아하는 후배 노병구는 지난 대선 때 안철수 진심캠프에서 일을 했고, 이번 노원(병) 캠프에서도 일찍부터 자원봉사 활동을 하고 있었습니다.

3월 중순, 병구에게서 전화가 왔습니다. "형님, 나 병구요" 하면서 안철수 노원캠프 자원봉사 참여를 권유했습니다.

단숨에 짐을 챙겼습니다. 생업까지 포기하고 새정치를 향한 자원봉사를 위해 서울 노원구 상계동으로 올라갔습니다.

상경하기 전, 다시 주위 사람들을 만났습니다. 오래 전부터 모시고 있는 김원재 회장, 신현구 선배 등을 뵙고 설명을 드렸습니다. 광주와 전남지역에서 앞장서 '지인 찾기' 등을 해 주겠다고, 열심히 하라고 격려해 주셨습니다.

주변 분들의 격려와 응원으로 힘을 충전하고 상경합니다. 서
울행 고속버스 5시간. 노원(병)에서의 도전과 결의를 다지는 시간
으로 충분했습니다.

노원은 생전 처음 와 본 곳입니다. 모든 것이 낯설었지만 새정
치라는 꿈을 안고 왔기에 자신은 넘쳤습니다.

병구는 많은 분들을 소개해 주었습니다. 제일 먼저 허활석 상
황실장을 만났습니다. 내가 해야 할 일 등을 설명해 주었습니다.

캠프에 와보니 내가 아는 사람은 4명이 전부였습니다.

상계동 골목골목을 누비며 새정치실천단 단장으로 지인 찾기

에 앞장서며 총괄하는 이석형 전 함평 군수.

언제나 자상하고 친근하게, 하지만 부단장으로 언론 홍보를 담당하는 최창수 선배.

모든 궂은 일에도 솔선수범하면서 중요한 데이터 관리를 하며 자원봉사를 하고 있는 노병구 후배.

선거 전반을 관리하고 지휘하는 정기남 선배가 전부였지만 나에게 커다란 힘이었습니다.

이분들의 도움으로 사무실 적응도 빨랐고, 새정치도 많이 배우면서 의미 있는 자원봉사 활동을 열심히 할 수 있었습니다. 나에게는 정말 고마우신 분들입니다.

이제 새정치의 호랑이 굴에 들어왔습니다. 새정치를 온몸으로 체험하고 느끼고 배워야겠습니다.

사무실 한쪽 귀퉁이에
자리를 잡고

처음 며칠 동안 정해진 자리도 없이 자원봉사를 하니 생각보다 힘들었습니다. 나도 선거에 대해서는 조금 안다고 했지만, 이곳에 있는 분들은 저보다 훨씬 뛰어난 분들이었습니다. 사무실 적응을 위해 열심히 하면서 눈치도 보았습니다. 하루빨리 적응하기 위해 조심스럽게 많은 노력을 했습니다.

선거 사무실은 3층과 8층 두 층을 사용했습니다. 3층은 민원실, 그리고 자원봉사자들이 함께 사용하는 공간이었습니다. 8층은 선거 전반에 관한 업무, 기획, 홍보 등 모든 것을 준비하는 사무실이었습니다.

그곳에는 후보자 사무실, 후원회 사무실과 커다란 사무실이 두 칸입니다. 한 공간은 일반 업무 보는 곳이고 다른 한 칸은 선거운동이 시작되면 전화홍보팀이 사용할 공간으로 아직은 텅 빈

사무실이었습니다.

텅 빈 사무실은 회의를 하거나 잠깐 쉴 수 있는 공간으로 활용되고 있었습니다. 나는 그곳 한쪽 귀퉁이에 자리를 잡고 자원봉사 활동을 시작했습니다. 그런데 그곳은 빈 사무실이라 여러 팀이 돌아가며 자주 회의를 했습니다. 회의를 하면 자리를 비켜주어야 했고, 내가 마땅히 있을 공간이 없어 옥상에 올라가서 괜한 담배만 피웠습니다.

옥상에 올라가면 북한산과 도봉산 그리고 하늘을 볼 수 있었습니다. 여러 날을 반복하니 나를 돌아보는 시간이 되었습니다. 힘들었지만 많은 것을 느끼고 다짐하는 시기였습니다.

4

새정치는
조기 투표로부터 시작되었다

새정치는
조기 투표로부터 시작되었다

처음 실시된 조기 투표,
누구에게 유리할까?

서울에 올라오기 전 스스로에게 다짐했습니다.

'형식적인 자원봉사는 하지 않겠다. 가슴으로 느끼고 행동으로 실천하는 봉사를 하겠다.'

3월 하순, 처음으로 회의에 참석했습니다. 안철수 후보가 직접 회의를 주재하면서 당부의 말을 하였습니다.

"지금은 재·보궐선거입니다. 투표율을 고려한다면 우리는 조직이 없어 매우 어려운 선거를 하고 있습니다. 하지만 준법 속에서 새정치의 가치를 키우는 선거를 해야 합니다. 지인 찾기, 조기 투표, 새정치의 가치 전달과 실천을 보여줍시다."

지인 찾기와 새정치는 처음부터 각오하고 실천하고 있으나 '조기 투표'라는 말은 이곳에 와 처음 들었습니다. 이번 선거부터 시행되는 독특한 선거 방법이니까요.

'조기 투표' 설명을 듣는 순간, '나는 이것이다'라고 느꼈습니다.

투표율이 낮은 재·보궐선거인 이번 선거에서 '조기 투표가 맥'이라고 생각되었습니다. 선거 일정상 조기 투표 결과를 보고 전체 투표율을 예상할 수 있기 때문입니다.

이번 선거부터 당일 4월 24일 현장 투표소에서 투표할 수 없는 유권자는 부재자 신고 없이 본인 확인 절차만 거쳐 19~20일 재보선 지역 79곳에 설치된 부재자 투표소(가까운 주민센터)에서 조기 투표할 수 있습니다.

조기 투표는 누구에게 유리할까? 조직 동원을 할 수 있는 시간을 늘려 줄까? 자발적으로 투표에 참여하는 일반 유권자에게 충분한 시간을 제공해 줄까?

결과는 간단했습니다. 조기 투표 홍보를 극대화하여 많은 사람들이 투표에 참여하게 한다면 안철수 후보가 유리하다고 판단했습니다.

전체 투표율을 높이는 효과와 바빠서 투표를 못하는 사람들에게 시간을 제공해 주는 두 가지 효과가 분명하다는 것이죠.

그래서 안철수 후보가 주도적으로 앞장서서 조기 투표 홍보 캠페인을 한다는 것을 유권자에게 알리고 싶었습니다.

조기 투표 홍보 피켓에
밥상머리 생선 조기 등장

조기 투표 홍보. 장소는 노원역 4호선 9번 출구. 시간은 아침 6시 30분부터 8시 사이의 출근 시간대.

먼저 조기 투표 피켓을 만들어야 했습니다. '조기 투표'란 용어를 쉽게 전달할 방법에 몰두했습니다. 그래서 '조기'라는 용어를 생각했는데 근조 글씨의 조기, 조기 축구의 조기, 생선의 조기 등 3개 용어가 생각났습니다.

그런데 근조의 조기는 죽음과 함께 너무 무겁고 어른들에게만 다가설 것 같았고, 조기 축구는 축구를 좋아하는 사람들만으로 국한될 것이라는 한계가 드러났습니다.

하지만 생선 조기 하면 밥상머리가 떠올랐습니다. 어린아이부터 할머니, 할아버지까지 모두가 일상생활 속에서 공감할 수 있다는 확신이 들었습니다.

　단순히 조기만의 이미지를 준다면 조기 장수로 오해할 수 있을 것 같아 공신력이 있는 중앙선거관리위원회의 기표 이미지를 결합시켰습니다. 일단 피켓 윤곽이 잡혔죠.

　'유권자들에게 '조기 투표'라는 의문을 던져야 한다. 아침 일찍 출근하는 시민들이 무슨 정신이 있겠는가? 하루를 준비하고 생각하기도 바쁜 시간이 아닌가? 그러니 단순하게 조기 투표만 강조하자.'

　조기 투표 피켓에 대해 두 가지 지적이 있었습니다. 하나는 색깔 문제, 또 하나는 장소에 각 동사무소라 쓴 것입니다.

　안철수 후보는 파란색을 사용했습니다. 그러나 조기 투표 이미지는 빨간색입니다. 빨간색은 새누리당 색깔이었기에 캠프 관계자들이 많이들 부담되었나 봅니다.

　하지만 나에겐 조기 투표라는 용어의 전달이 목표였기에 처음 피켓을 보았을 때 확 눈에 들어와 관심을 가질 수 있는 빨간색이 중요했습니다. 물론 안철수 후보의 색깔이 파란색이죠. 그렇지만 쌀쌀한 4월 이른 아침에 파란색은 깨끗하지만 차가운 느낌이고 빨간색보다도 눈에 잘 들어오지 않는 단점이 있습니다.

　그러나 부족한 부분은 온몸으로 전달하겠다는 자신감이 있었기에 그리 신경 쓰지 않았습니다. 또한 선거일이 많이 남아 있었

기에 충분히 각 후보나 선관위 등 언론에서 홍보할 것이라 생각
했습니다. 더불어 나에게는 홍보용 입이 있었기에 시민들이 관심
을 갖고 시선을 집중한다면 충분한 시간을 가지고 큰 목소리로
설득해도 된다는 생각을 했습니다.

　　그리고 장소도 동사무소가 주민자치센터로 바뀐 게 맞습니다.
그런데 문제는 주민자치센터를 이용한 분들은 익숙할지 몰라도 대부분 어르신들은 동사무소로 알고 있을 거라는 거죠.

장소가 동사무소로 표기된 피켓을 들고 있을 때는 장소를 질문하는 사람이 없었습니다. 그런데 응원 수건용에 주민자치센터라고 써서 홍보를 하니 생각보다 많은 어르신들이 주민자치센터가 어디냐고 질문했습니다.

"옛날 동사무소요"라고 하면 "아하, 차라리 동사무소로 쓰지" 하셨습니다. 이런 것 또한 단기간의 선거전 홍보에서는 놓쳐서는 안 될 것이라는 생각이 들었습니다.

조기 투표 피켓을 만들기 위해 4월 3일 광주에 있는 대학 시절부터 나의 친구요 멘토인 남호에게 전화를 했습니다. 조기 투표에 대해 설명하고 나의 홍보 의도를 설명했습니다. 제가 "아" 하면 바로 "어" 하고 대답하는 친구입니다.

친구는 아주 오래 전부터 선거에 관한 컨설팅 사업을 했고 지금은 영상차량 대여사업도 하면서 홍보 관련 전문가가 되기 위해 대학원에서 미디어 관련 공부를 하고 있습니다.

친구는 서둘러 디자인을 마무리하여 웹하드에 올렸습니다. 딱 한 번 이미지 보강과 글자의 배치 등을 수정하고 곧바로 완성된 이미지 파일을 받았습니다. 언론과 주민들의 관심과 이목을 집중시킨 조기 투표 홍보 피켓은 이렇게 탄생되었습니다.

홍보 첫날,
두 아들의 얼굴에서 용기를 내다

첫날인 4일 아침, 피켓을 들고 숙소를 나가려고 하니 많이 망설여졌습니다. 순간 나 자신을 돌아보았습니다. 연고도 없는 노원, 내가 출마한 선거도 아닌 자원봉사자, 그것도 혼자 시작하려고 하니 제 자신이 초라해지고 작아지면서 갑자기 자신이 없어졌습니다.

주저하고 있을 때 두고 온 아이들이 생각났습니다. 중학교 2학년, 초등학교 5학년 두 아들의 얼굴이 떠올랐습니다. 우리 집 가훈은 "최선을 다하고 당당하게 살자"입니다.

'생업까지 포기하고 이곳 노원까지 올라왔는데…….'

한 달 후 집으로 돌아갈 나의 모습이 떠올랐습니다. 두 아들이 나를 응원하는 것 같았습니다. 용기를 냈습니다.

'아빠, 할 수 있어요!'

'그래, 할 수 있다!'

4일 아침 6시경, 마음을 다잡고 힘을 냈습니다. 지하철 4호선 노원역 9번 출구로 걷는 발걸음이 가벼웠습니다. 날씨가 무척 쌀쌀했지만 문제되지 않았습니다.

'잘 할 수 있을까? 사람들의 호응은 어떨까? 중간에 거꾸러지지 않고 성과를 낼 수 있을까? 남들은 나를 보고 뭐라고 할까?'

병구와 많은 대화를 주고받으며 걸었습니다.

9번 출구 앞에 도착하니 이미 하루를 시작하신 분들이 있었습니다. 포장마차를 하시는 분, 청소하시는 분, 손님을 기다리는 택시기사 아저씨, 다정히 손잡고 이야기하는 부부, 팔짱을 끼고 걸어가는 연인, 날을 새워 술을 마시고 큰소리로 이야기하는 젊은이들.

그곳은 또 다른 삶의 현장이었습니다.

세 번째 계단 한구석이 내 자리임을 알 수 있었습니다. 입구에 약간 각이 있고 그 각을 이용해 들어설 때 정면으로 보이는 곳. 그리고 약간 높은 곳이어야만 부담도 덜 되고 1~2초간 피켓을 볼 수 있는 시간을 줄 수 있기 때문입니다.

자리를 잡으니 병구가 기념이라며 사진을 몇 컷 찍어 주었습니다. 당연히 기분이 업 되었죠.

병구는 사무실 문을 열고 하루를 시작하기 위해 발걸음을 옮

기고 나 혼자만 덩그러니 남았습니다. 피켓 하나를 들고 노원역 9번 출구 세 번째 계단에서 가만히 서 있는 모습은 스스로 생각해도 너무 어색했습니다.

하지만 시민들의 시선을 보며 가볍게 인사를 하면서 어색함은 차츰 사라졌습니다. 다들 출근하는 바쁜 아침이지만 피켓을 보며 미소 짓는 아침은 활기가 넘쳤습니다.

한 손엔 피켓 들고
다른 한 손엔 조기 들고

피켓 조기 투표 홍보는 대박이었죠. 피켓을 보는 대부분의 행인들은 웃으며 지나갔습니다. 웃음은 공감의 표시!

어떤 이들은 엄지손가락을 세우며 '아이디어 짱'이라고 격려해 주었습니다. 심지어는 트위터에 홍보해 주겠다며 저에게 양해를 구하고 사진을 촬영해간 사람들도 있었습니다. 다른 당의 자원봉사자들도 조기 투표를 트위터로 선전해 주겠다며 사진을 찍었구요.

선관위에서 홍보하고 있는 것으로 착각한 것 같은 느낌이 들었습니다. 힘도 들고 어색했지만 재미있고 뜻깊은 첫날이었습니다.

간혹 미안한 분들도 있었습니다. 피켓을 보다가 넘어지는 사람들도 있었기 때문입니다. 장소가 계단이다 보니 어쩔 수 없었죠. 그래도 웃으며 일어나 힘차게 계단을 올랐습니다.

홍보가 대박이다 보니 나름대로 여유도 생기고 힘도 났습니다. 사무실에서 자원봉사 하시는 분들도 보였습니다.

그리고 이석형 전 함평 군수가 와서 손을 꼭 잡고 격려해주면서, "한 손엔 피켓, 한 손엔 조기, 어때?" 하는 겁니다.

'한 손엔 조기?'

순간 이런 생각이 들었습니다.

'이래서 저 형님 뒤에는 창조적 블루오션이란 수식어가 붙어 다니는구나.'

너무 좋은 아이디어였습니다.

그런데 생조기는 현장감을 높일 수 있으나 비린내로 출근길 시민들에게 불쾌감을 줄 수 있다는 생각이 들어 마른 굴비를 사용하기로 했습니다.

'마른 굴비를 어디서 구입해야 하지?'

사무실에서 자원봉사하는 아주머니께서 백화점에서 팔 거라며 가보라고 했습니다. 그곳에선 마른 굴비가 10마리에 10만 원, 15만 원, 30만 원 했습니다. 하지만 10만 원짜리는 좀 작고, 30만 원짜리는 욕심은 났지만 너무나 부담이 됐죠. 그래서 15만 원짜리 굴비를 구입했습니다. 보리굴비가 생선 조기 소품으로 탄생된 겁니다.

노원(병)에서
홀아비 생활

추위가 나를 계속 괴롭혔습니다. 4월 초 도봉산에 하얗게 눈이 쌓인 적도 있었지요. 바람도 무척 차가웠습니다.

유독 올봄 4월의 날씨는 무척이나 변화무쌍했습니다. 봄, 여름, 가을, 겨울 4계절이 함께 공존하는 4월이었지요. 눈도 오고, 비도 오고, 바람도 불고, 꽃도 피고 지는 날씨 또한 바쁜 4월이었습니다.

체감 온도가 영하까지 떨어졌습니다. 그러나 나는 진정성을 전달하기 위해 장갑을 끼지 않았습니다. 서울에 올 때 옷차림은 봄옷이었습니다. 그래서 군대생활 때 입어보고 한 번도 입지 않은 내의를 노원역 가게에서 1만 원을 주고 구입하여 입었습니다.

아침 일찍 일어나는 것도 힘들었습니다. 숙소는 사무실에서 멀지 않은 곳에 마련했지만 속옷과 양말 등을 매일 빨아야 했기에 날마다 분주한 준비였습니다.

새벽 5시를 전후하여 일어나, 전날 활동했던 보고서를 작성하고 서류도 챙겨야 합니다. 그리고 몸을 씻고 양말과 속옷 등을 빨래하고 방 정리를 해야 했기에 집 떠난 홀아비의 설움(?)도 체험했습니다.

나의 삶을 돌아볼 수 있었습니다. 그동안 잊고 지냈던 것들, 잃었던 것들을 하나하나 찾아가고 있었습니다. 사소한 일상에서도 가치 있는 것이 많이 있다는 것을 알았습니다. 두고 온 아내와 아이들이 무척 그리웠습니다.

개개인과 정을 나눈
인사말 한 마디

자신감도 생기고 힘도 나니, 혼자 홍보하면서도 여유가 생겼습니다. 인사하는 방법도 날로 발전하고 있었지요. 처음엔 먼저 눈을 마주치면 아무 말 없이 미소만 지으며 인사했지만 다음 날은 조기 투표에 대해 홍보하면서 인사했습니다.

"선거법이 개정되었습니다. 이제는 투표 기간이 3일입니다. 조기 투표 하세요!"

이렇게 반복하여 계속 외치며 인사를 했습니다. 쉬지 않고 외치다 보니 입술이 아팠습니다. 결국 차가운 기온 때문에 입술이 갈라져 피가 났습니다.

화장품 가게를 찾아 입술을 보호하는 약을 샀습니다. 듬뿍 바르니 많은 효과가 있었지요. 90분이라는 시간이 짧지만은 않았습니다. 입술에 서너 번은 약을 발라야 90분이 지났습니다.

이젠 알아봐 주시는 분들도 많아졌습니다. 먼저 인사를 하며 격려해 주시고 출근하는 시민들도 많아졌지요. 부부가 손을 맞잡고 출근하니 너무 다정하게 보였고 집 생각이 떠오르게 하는 부부들도 여러 쌍 있었습니다. 참 보기가 좋았습니다.

"좋은 하루 보내세요."

웃는 얼굴로 인사말을 건네면 아무리 바빠도 다정히 수고하신 다며 격려의 말들을 아끼지 않았습니다. 그렇게 며칠간 인사를 나누었던 부부가 갑자기 부인 혼자 출근을 했습니다.

"오늘은 혼자시네요."

"예, 제가 너무 바빠 먼저 출근해야 해서요."

개인적인 대화도 나눌 수 있을 만큼 여유까지 생겼습니다.

나이 드신 분들께는 남자면 "어르신 또는 아버님", 여자면 "어머님, 안녕하세요" "힘내세요" "건강하세요" 이런 인사를 드리면 매우 좋아하십니다.

내가 선거에 출마했을 때의 노하우입니다. 어르신, 어머님, 형님, 아제, 동생 등 친근한 호칭을 사용하면 처음 만나도 서먹서먹하지 않고 분위기가 포근해지고 다정해지거든요.

짧게 스쳐가는 출근길 인연이었지만 그때그때 서로가 공감할 수 있는 인사말을 건넸습니다.

술을 먹고 얼굴이 떠 보이는 젊은 직장인에게는, "어제 한잔

하셨군요. 오늘은 힘차게 생활하세요."

임산부에겐, "힘드시죠. 그래도 기분 좋으시죠. 웃으면서 힘차게 하루 시작하세요."

학생들에게는 홍보와 인사말을 동시에 건넸습니다.

"학생, 이번에 선거법 개정됐거든. 시험에 나올 수 있으니 조기투표 찾아보고 집에 가서 부모님께 꼭 이야기해."

"그래요. 알겠습니다"라는 말로 대답하는 학생, "시험에 나온다고요?"라며 관심을 보이는 학생, 웃는 얼굴로만 인사하는 학생 등 반응은 가지각색이었습니다.

월요일과 금요일은 아침 출근길 시민들의 얼굴 표정이 확연히 달랐습니다. 월요일은 왠지 바쁘고 쫓기는 모습입니다. 그래서 월요일 인사말은 "5일 지나면 휴일입니다. 힘내세요!" 그러면 웃는 얼굴로 화답합니다.

금요일은 대부분 가벼운 얼굴입니다. 발걸음도 가볍습니다. 그래서 금요일 인사말은 "내일이면 쉬는 날입니다. 오늘을 힘차게 시작하세요. 좋은 하루 되세요"라고 합니다.

모두들 만족해하며 손을 들어 화답해 주었습니다. 천사 같은 유치원생 얼굴이 생각납니다. 출근길 엄마, 아빠 손을 잡고 유치원 가는 어린이에게 인사를 했습니다. 꼬마의 얼굴이 짜증으로 뭉쳐 있었습니다.

"무슨 일 있었니? 힘내, 웃어야지. 조기 투표도 기억해 줘!"

꼬마는 환하게 웃으면서 계단을 힘차게 올라갔습니다.

그런데 다음날도 엄마, 아빠 손을 잡고 저쪽에서 입구를 향해 꼬마가 걸어오고 있었습니다. 놀랍게도 꼬마는 나에게 웃으면서 인사를 먼저 합니다.

"안녕하세요?"

나는 깜짝 놀랐습니다. 이곳에서 어린 아이가 나에게 먼저 인사를 하는 것은 처음이었거든요.

"오늘은 기분이 좋은가 보구나. 힘내."

우리는 마주보고 웃었습니다. 아이의 엄마, 아빠도 나를 보며 웃으면서 격려의 인사를 해주었습니다.

'어제의 짧은 인사말 한마디가 어린아이의 마음도 움직이네.'

나는 아이에게 중얼거립니다.

'너희에게 아름다운 세상 꼭 만들어줄게.'

그리고 한 중년신사의 얼굴이 떠오릅니다. 언제나 깔끔하게 회사 유니폼을 입고 무게 있게 출근을 하는 분입니다. 그런데 이 중년신사는 인사를 해도 묵묵부답이었습니다. 아무 반응을 하지 않고 앞만 보고 계단을 오르신 분입니다.

하루는 인사말을 바꾸었습니다.

"오늘도 뵙습니다."

그 다음날 중년신사는 웃으면서 목례를 했습니다. 그리고 그 다음 날은 고생하신다고 격려도 해주었습니다.

많은 사람들에게 나의 간절한 진심이 전달되고 있다고 생각되어 힘들지만 가슴 뿌듯했습니다.

진심이 통할 때까지
조기 투표 홍보는 계속되다

진심이 통하는 그날까지 조기 투표 홍보는 멈추지 않을 것입니다. 나는 안철수 후보의 자원봉사자이지만 지지를 떠나 투표율을 높이기 위해 조기 투표를 홍보했습니다.

조기 투표 홍보를 하면서 안철수 후보를 알릴 수 있는 방법은 아무것도 없었습니다. 선거법상 투표 독려 외에는 특정 후보를 위한 어떠한 행동이나 말 등을 할 수 없기 때문입니다.

내가 사용한 홍보용 소품으로는 조기 투표 피켓과 10마리의 조기가 전부였습니다. 유권자들이 보기에는 선거관리위원회에서 아르바이트를 하는 사람으로 보였을 겁니다.

그래서인지 오히려 나에게 조기 투표 홍보하는 모습을 트위터에 올리겠다며 사진을 촬영해 간 시민들이 많았습니다. 일반인, 학생, 주부, 회사원, 특히 선관위 직원 그리고 다른 후보의 자원봉사자들도 사진촬영을 해 갔으니까요.

　이 많은 분들이 약속을 지켜 주셨습니다. 인터넷 상에서 공중전이 벌어지고 있었습니다. 트위터도 뜨거워졌고요.

인터넷과 언론의 반응이
뜨거워졌다

나의 조기 투표 홍보 내용이 언론에 보도되기 시작했습니다.

안철수 후보가 등록하던 날이었습니다. 노원구 선거관리위원회가 있는 노원구청으로 피켓을 들고 갔습니다. 안철수 후보가 정식 후보 등록을 하고 그곳에서 어깨띠를 처음 맸습니다. 어깨띠에는 조기 투표 선전을 위해 "19일, 20일 먼저 투표하세요"라는 문구가 있었습니다. 그리고 출마의 변을 낭독했습니다.

나는 아무 말 없이 조기 투표 피켓만 들고 한쪽에 자리하고 있었습니다. 낭독이 끝나니, 조기 투표 선전을 위해 안철수 후보 옆으로 갔습니다. 그런데 그곳에서 기자들의 반응이 뜨거웠습니다. 카메라의 수많은 불빛들이 터졌습니다. 처음 경험하는 일이었습니다.

선거운동 시작일인 11일, 롯데백화점 앞에서 안철수 후보 출정식 의미의 대대적 거리 유세가 있었던 때입니다. 그곳 출정식에도 조기 투표 홍보를 위해 참석했습니다. 군대를 가기 위해 대학을 휴학하고 자원봉사 활동을 하고 있는 최승우와 함께 조기 투표 피켓과 소품인 생선 조기를 들고 갔지요.

유세차량에서는 안철수 로고송이 흘러나왔습니다. 음악과 함께 사회자는 열심히 안철수 후보를 홍보하고 있었습니다. 선거운동원들은 기호 5번 안철수 홍보용 피켓을 들고 열심히 홍보하고 있었습니다. 또한 자원봉사자들 가운데는 스스로 제작해 들고 온 나와는 다른 조기 투표 홍보 피켓도 많이 있었습니다.

그런데 그곳에서도 언론인들의 반응은 뜨거웠습니다. 수많은 피켓 가운데 내가 제작한 조기 투표 피켓이 눈에 띈 것입니다. 두 장뿐인 조기 투표 피켓과 생선 조기가 기자들의 궁금증을 자극했는지 나와 승우가 있는 곳으로 기자들이 몰려왔습니다. 또 수많은 카메라의 불빛들이 터지기 시작했습니다.

나는 또다시 놀랐습니다. 그리고 조기 투표가 이번 선거에서 매우 중요한 부분을 차지함을 온몸으로 느낄 수 있었습니다.

KBS 기자가 신분을 밝히고 인터뷰를 요청했습니다. 시민들이 궁금해 하는 내용과 비슷했습니다. '생선 조기를 왜 선택했는지? 어디서 나왔는지? 조기 투표 시행에 대해 어떻게 생각하는지? 그리고 이번 선거에서 조기 투표 도입이 어떤 영향을 미칠 것인지?'

등등의 질문을 했습니다. 지금까지 수많은 고민을 했던 내용이어
서 예상치 못한 순간이었지만 거침없이 답변을 했습니다.

송호창 의원과 함께 한
조기 투표 전도사 김상봉

거리 유세장은 수많은 사람들로 가득 찼습니다. 나는 조기 투표 피켓과 생선 조기를 들고 유세 차량 옆에 서 있었습니다.

그런데 송호창 국회의원이 연설을 마치고 내 옆쪽으로 왔습니다. 순간 안철수 후보와 함께 사진을 찍어 트위터로 올린다면 시민들이 궁금해 하는 내용을 간접적으로 전달할 수 있을 것 같다는 생각이 들었습니다.

아침 일찍 노원역 9번 출구에서 선거법 때문에 안철수 후보를 위해 아무 말도 못한 것이 아쉬웠으니까요.

그래서 송 의원에게 건의를 했습니다. 후보와 기념사진을 찍고 싶다고 말입니다. 그랬더니 내 휴대폰을 달라고 했습니다. 송 의원이 직접 후보에게 양해를 구하고 기념사진을 찍어 주었습니다. 그것이 후보와 찍은 사진 중에서 가장 멋진 사진입니다. 다음날 후

보 부부와 함께 찍은 사진도 트위터에 돌아다니고 있었습니다.

그런데 송호창 의원이 사진 촬영하는 모습이 포토뉴스로 인터넷에 올라왔습니다. '내가 아침부터 추위에 떨며 조기 투표 홍보를 왜 하는지? 그리고 누구를 위해 하는지?' 언론에 공개된 효과를 가져왔습니다. 조기 투표의 확실한 홍보 효과였습니다.

송호창 의원도 조기 투표 홍보를 위해 직접 트위터에 올리겠다며 저와 함께 사진을 찍었습니다. 조기 투표 전도사로 확실하게 인정받는 순간이었습니다. 이후 여러 차례 조기 투표 홍보와 관련된 내용이 기사화되었죠.

조기 투표 홍보가 보도된 기사 일부입니다.

서울 노원(병), 투표하고 조기 드세요! _4.11 전남인터넷신문 등
서울 노원(병)에 조기가 나타났다. 조기 투표를 생선 조기에 빗대어 투표를 독려하고 있는 것이다. 지하철 노원역 4호선 9번 출구에서 매일 아침 6시 30분부터 8시까지 피켓을 들고 조기 투표 홍보를 하고 있는 김상봉(전남 나주, 45세) 씨가 그 주인공이다.

서울 노원(병)에 웬 조기? _4.16 전남인터넷신문 등
'조기 투표 전도사 김상봉' 씨와 '홍보대사 최승우' 군. 무소속 안철수 후보 사무실에서 조기로 자원봉사하는 이들의 양 어깨에 힘이 넘친다. 투표율을 높이는 데 조기의 역할이 크다.

서울 노원(병) 주민들, 조기 반찬 잡수구려! _4.17 경향 매일

입에서 입으로 "조기 먹으러 가자"는 말이 유행하고 있는 것이다. 생선 조기를 활용한 이 아이디어는 젊은 학생들에게 큰 반향을 일으키고 있다. 벌써 50여 명의 대학생들이 피켓을 자비 제작하여 김 씨의 서포터즈로 참여하고 있다.

노원(병) 조기 투표 전도사 김상봉 씨를 만나다. _4.29 전남인터넷신문 등

서울 노원(병) 선거구에서 조기 투표 전도사로 유명세를 탄 김상봉(전남 나주, 45세) 씨를 만났다. 노원(병) 조기 투표에 대해 심도 있게 대화를 나눴다.

함께 한 조기 투표 서포터즈들

노원역 9번 출구에서 홍보하는 내용의 기사가 인터넷에서 뜨거운 반응을 불러일으키고 있었습니다. 많은 젊은이들과 대학생들이 서포터즈를 자처했고 어떻게 알았는지 나에게 직접 전화를 하는 친구들도 있었습니다.

지적 소유권을 의식한 듯 자기 신분을 밝히고 조기 투표 피켓 사용 허락을 요청했었죠. 모두들 자기가 직접 제작해 홍보하겠다고 하더군요.

나는 웹하드를 알려주었습니다. 진심으로 홍보를 해달라고 나는 역으로 부탁했지요. 진심만이 유권자의 마음을 움직인다고 믿었기 때문이죠.

이후 놀라운 일들이 벌어졌습니다. 노원구 상계동, 선거현장 곳곳에서 피켓을 들고 홍보하는 젊은이들과 대학생 등 수십 명이 나타난 것입니다. 나는 그들의 열정에 감사함을 전하고 한 가지를 더 주문했습니다.

"너 스스로와의 싸움이 될 것이다. 힘들더라도 성공적으로 끝내고 웃자. 굴비로 술 한잔 할 수 있는 우리가 되자."

그들 일부는 본인들이 제작한 피켓을 들고 노원역 9번 출구에서 새벽 6시 30부터 8시까지 나와 함께 했습니다.

서포터즈들에게 보내는 사연
- 보고 싶구나!

서포터즈들은 큰 힘이 되었습니다. 노원역에서 여러 명이 돌아가며 홍보했습니다. 어떤 때는 서포터즈만 3명 이상이 함께 할 때도 있었습니다. 선거는 끝났지만 그들의 아름다운 모습이 떠오르면 눈에는 작은 물방울이 송알송알 맺힙니다.

최승우 휴학생은 고향이 목포라며 함께 조기 투표 장사를 하자고 했습니다. 승우는 4월 24일이 생일이었죠. 군대 영장도 그날 받았습니다. 이날은 안철수 후보가 국회의원으로 당선된 날이기도 합니다. 승우는 4월 24일을 절대 못 잊을 겁니다.

이 책이 나올 때쯤이면 승우는 군 생활을 하고 있을 것입니다.

"승우야, 군생활 열심히 하고 많은 것을 배우고 몸 건강히 제대했으면 좋겠다. 다음에 건강한 모습으로 소주 한잔 하자."

이상윤 동생은 고향이 울산이고 인천에 살며 자원봉사 활동을 했던 청년입니다. 그는 6시 30분에 함께 하기 위해 집에 가지 않고 노원역 주변의 찜질방에서 잠을 자곤 했습니다. 나중에 안 일인데 여자 친구가 무서운 병마와 싸우고 있었습니다.

생각해 보면 마음이 무척 힘들었을 텐데 티내지 않고 언제나 에너지가 넘치는 열정을 가지고 함께 해준 상윤이에게 다시 한 번 고마움을 전하며 여자 친구의 빠른 쾌유를 기원합니다.

이승우 휴학생은 묵묵히 자기의 주어진 일에 책임감이 강한 자원봉사자입니다. 군대를 가기 위해 휴학한 승우는 집이 가까운 마들역이어서 늦게까지 일을 할 때는 다른 친구들을 재워주곤 했습니다.

승우는 모자 달린 옷을 입고 봉사했는데 모자를 쓰면 사오정을 닮았습니다. 그래서 내가 '사오정'이라 불렀습니다. 그럴 때마다 웃던 모습이 너무 고운 청년입니다. 하루빨리 군대 영장이 나와 승우의 계획에 차질이 없었으면 좋겠습니다.

황선민 동생은 집이 경기도 의정부입니다. 경기도라 먼 것 같지만 노원구와 지역이 연결되어 있어서 생각보다 가까웠습니다. 선민이도 아침 6시 30분을 지키기 위해 가끔 찜질방에서 자면서 함께 했던 자원봉사자입니다. 군대도 갔다 왔지만 대학생같이 언제나 배낭을 메고 웃음을 잃지 않았습니다.

선민이를 생각하면 언제나 밝은 모습이 눈에 선합니다. 인턴으로 근무하면서 자원봉사 활동을 했던 선민이가 빨리 좋은 직장을 가졌으면 좋겠습니다.

조재은 여대생은 제일 먼저 조기 투표 피켓 파일을 구하고 싶다며 연락을 했던 자원봉사자입니다. 주변에는 언제나 많은 대학생들이 함께 자원봉사 활동을 하고 있었습니다. 보고만 있어도 미소를 가득 주는 매력 덩어리 여학생이었죠. 언제나 활짝 웃고 있는 재은이의 함박웃음 얼굴이 떠오릅니다.

김준성 씨는 많은 대학생들이 의욕적으로 조기 투표 홍보 캠페인을 할 수 있도록 버팀목이 되어준 자원봉사자입니다. 있는 듯 없는 듯 언제나 조용히 자원봉사 활동을 열심히 했습니다. 아무 말 없이 상계동 골목골목을 발로 뛰면서 새정치 자원봉사를 실천해 줘 너무 고맙습니다.

1,440분 그리고
노원역 4호선 9번 출구 동료들

노원역 4호선 9번 출구 3번째 계단.

4일부터 시작하여 19일까지 16일간, 90분 곱하기 16일은 1,440분. 시간으로 계산하니 24시간, 만 하루입니다.

언제나 9번 출구 앞에 자리하여 간단한 아침식사 대용 간식과 따끈따끈한 국물 등을 파는 포장마차 아주머니 사장님

9번 출구 앞을 깨끗이 빗자루로 쓸어주신 미화원 아저씨

무가지 신문을 하나씩 분리하여 놓으시는 아주머니

교회 홍보를 위해 전단지와 사탕을 나누어주는 대학생들

다른 후보의 홍보를 위해 고생하시는 분들…….

노원역 4호선 9번 출구 동료들.

눈앞에 모습이 아른거리며 그리움을 던져주는 보고픈 얼굴들입니다.

짧은 인연이었지만, 나의 마음만은 긴 인연이었습니다.

혼자라도 추억으로 고이 간직하려고 합니다.

소리는 없어도 가슴으로 말하면
진심은 통한다

16일간 쉬지 않고 한 자리를 지키고 있으니 시민들이 저에게 여러 가지를 궁금해 했습니다. 여러 가지 질문을 많이 했지만 대체적으로 이런 내용이 매우 궁금했나 봐요.

'진짜 혼자 하는지?'

'어떤 단체를 대표해서 하는지?'

'어디에서 사는 사람인지?'

'무슨 생각을 가지고 매일 이렇게 아침 일찍 한 곳에 머물러 하고 있는지?'

'들고 있는 조기는 진짜 생선인지?'

'그리고 누구를 지지하는지?'

이런 일들도 있었습니다. 아주머니 두 분이 나에게 다가왔습니다. 두 사람은 굴비가 모조품인지 진짜 굴비인지 궁금해 했습니다. 내기를 했다고 하면서 확인을 요청했지요.

냄새가 나지 않도록 싼 비닐을 약간 열어 조기 냄새를 맡게 했습니다. 어이가 없었는지 웃기만 했습니다.

"정말 굴비네."

그래도 가장 궁금한 것은 '누구를 위해 이렇게 고생하며 어떤 후보를 지지하는지?'였습니다. 하지만 선거법상 이야기를 할 수 없었지요.

그런데 10일 이상이 흐르니 여러 사람이 "(안철수 후보) 5번 맞죠?" 하며 지나가는 사람들이 늘어나고 있었습니다. 그럴 때마다 감사의 인사 겸 웃는 얼굴로 고개만 숙였습니다.

나는 마음으로 느꼈습니다.

'가슴으로 말하는 진심은 통하는구나. 이제 출근하는 시민들이 내가 이렇게 행동했던 이유를 알아봐 주시는구나.'

매일 새벽부터 고생한 보람이 결실을 맺고 있었죠.

작별의 정을 나누다

조기 투표 하루 전날인 18일에는 색다른 질문을 받았습니다.

'언제까지 여기서 홍보를 계속할 것인지? 집에는 언제 갈 것인지?'

그리고 차라리 상계동에서 자리 잡고 살면 좋겠다는 분도 계셨습니다. 짧은 시간이었지만 깊은 정이 들었나 봐요.

드디어 조기 투표일인 19일 아침 8시.

오늘로써 이곳에서의 조기 투표 피켓 홍보를 마무리하면서 그동안 정들었던 포장마차 아주머니 사장님께 작별 인사를 했습니다.

떠날 때 조기를 드리겠다고 한 약속을 지켰습니다. 사장님께 가위를 달라고 해서 비닐로 포장된 보리굴비를 꺼내어 한 마리를 드렸죠(나머지 보리굴비는 조기 투표 홍보에 참여한 자원봉사자들과 저녁에 소주를 한잔 하기로 해서~).

한 마리여도 고추장에 찍어서 맛있게 아침 식사를 하고 꼭 조기 투표에 참여하시라고 말씀드렸습니다. 사장님은 본인뿐만 아니라 자기 주변사람들에게도 이야기해서 함께 꼭 투표하겠다며 그동안 고생했다, 많이 생각날 것이라고 격려해 주셨습니다.

그리고 그날 오전에는 광주 전남에서 지인 찾기 등으로 이번 선거에 많은 도움을 주고 있는 신현구, 유재신, 문용민, 최성균, 김재식, 김태현, 강성남 씨 등의 자원봉사자 여러 분들이 노원 (병) 사무실을 찾아왔습니다. 이곳에서 활동하는 자원봉사자들 격려와 조기 투표 홍보 캠페인을 위해서입니다.

각자 준비한 조기 투표 홍보 피켓과 응원 손수건을 들고 오전 11시부터 오후 4시까지 상계1동과 상계8동을 구석구석 누비며 유권자들에게 조기 투표 참여 독려 홍보를 열심히 했습니다. 많은 사람들이 관심도 보이며 격려를 해주었습니다.

아침 일찍 조기 투표를 하고 오셨다는 분들도 많이 만날 수 있었습니다.

느낌이 좋았습니다. 조기 투표율이 예상보다 높을 것이라는 생각이 들었기 때문입니다. 그날따라 화창한 날씨여서 봄이지만 햇볕이 따가울 정도였습니다. 그래도 뜻깊고 의미 있는 조기 투표 홍보 캠페인이었습니다.

그동안 지인 찾기와 조기 투표 홍보에 앞장서 자원봉사를 하

며 고생이 많았던 실천위원 여러분에게 진심으로 감사드립니다.

그리고 19일 저녁엔 조기 투표 홍보 캠페인에 함께했던 자원 봉사자 여러 명이 모여서 그동안 소품으로 사용한 굴비를 안주 삼아 소주잔을 기울였습니다.

'그동안 많은 것을 배우고 느꼈다', '소중한 자원봉사 활동 시간 이었다', '인생에 길이 남을 시간이었다' 등등 '우리는 해냈다'며 서 로를 격려하면서 이야기꽃을 피웠습니다.

짧은 시간, 짧은 만남, 모든 것이 안철수 후보의 새정치 인연으 로 함께 하고 있음을 공감하고 서로를 응원해 주고 격려해 주면 서 많은 대화를 나누었지요.

시민들의 마음을 흔든
한 장의 조기 피켓

노원역 9번 출구 세 번째 계단은 새정치 선거운동을 실천하는 장소였지요. 도착하자마자 계단에 있는 작은 쓰레기도 모두 주워 주위를 깨끗이 정리합니다. 주변이 깨끗하지 않으면 분위기도 산만해지고 출근하시는 분들의 시선을 다른 곳으로 뺏길 수 있기 때문입니다.

주변이 정리되면 우리는 각자 정해진 계단에서 새벽 6시 30분부터 8시까지 90분간 조기 투표 홍보를 했습니다. 가만히 한곳에 서서 홍보를 한다는 것이 결코 쉬운 일은 아니었습니다.

홍보를 마치고 계단을 내려갈 때 다리에 쥐가 나 넘어질 뻔했던 일이 한두 번이 아니었으니까요.

진정성을 전달하기 위해 맨손으로 피켓과 조기를 들었습니다. 날씨가 추워서 체감온도가 영하로 떨어지면 손이 꽁꽁 얼었지만 참아내야 했습니다. 홍보를 하면서 힘들 때가 여러 번 있었습니다.

술 취한 젊은이들이 앞쪽에서 싸울 때, 아침부터 술에 취한 연인들이 껴안고 계단에 기대어 있을 때, 유세 차량을 앞에 세워 놓고 연설을 하거나 음악을 크게 틀어 놓을 때, 특히 선거운동원들이 무리지어 9번 출구 코앞에서 단체로 인사를 하면서 구호를 외칠 때였지요.

한번은 선거운동원들이 단체로 나의 코앞에서 큰소리로 인사를 했습니다. 그런데 포장마차 아주머니 사장님이 장사가 되지 않는다며 큰소리로 야단을 치고 다른 곳으로 쫓아 버렸지요.

끝나고 다른 날과 똑같이 사장님께 인사를 드리는데 "그들이 얄미워서 보내버렸다" 하면서 웃으시지 뭡니까? 그냥 기분이 좋았습니다. 이제 나에게도 팬이 생긴 걸까요?

너무한다는 생각이 들어 한 대 때려주고 싶을 때도 있었습니다. 가만히 서서 매일같이 목소리를 높여 조기 투표 홍보를 했습니다. 숨고르기를 위해 중간중간 목소리가 멈추면, 코앞에서 "ㅇㅇ당 기호 ㅇ번 누구입니다" 하는 경우가 여러 번이나 있었지요.

나는 순수한 투표 독려 홍보인데 코앞에서 그렇게 중간에 인사를 하면서 소리를 하면 내가 마치 그 후보자 선거운동을 해주기 위해 이렇게 고생하고 있나 하는 생각이 들어 정말 열이 났습니다.

양해를 구했습니다. 인간적으로 그렇게 하면 되겠느냐고 항의도 해 보았습니다. 한 번은 계속 양해를 구해도 말을 듣지 않고 계속 홍시 따먹듯 합니다. 순간 흥분되어 크게 소리를 질렀습니다.

"여기는 아무 당에도 속하지 않은 무소속입니다."

순간 그들도 흥분해서 같이 목소리가 높아졌습니다.

나에게 선거법 위반이라고 합니다. 내가 누구 지지 발언을 해서 선거법 위반이냐고 따졌지요. 그들은 무소속이라고 해서 위반이라며 선관위에 제보를 했습니다.

얼마 있지 않아 선관위 직원이 와서 이름과 연락처를 달라고 합니다. 그리고 조사를 해야 하니 선관위로 가자고 합니다.

참 어이가 없었습니다. 순간 선관위 직원과도 목소리가 높아졌습니다.

"선관위에서 해야 할 일을 몸을 축내가며 새벽부터 투표 독려를 하고 있으면 표창장을 줘도 모자랄 판에 조사는 무슨 조사요? 지금은 조기 투표 홍보를 해야 하니 저쪽에서 8시까지 기다리시오."

나는 열이 나 더 열심히 조기 투표 홍보를 했습니다. 홍보가 끝나고 제보했던 사람들, 선관위 직원, 그리고 나와의 신경전은 계속되었습니다. 다시 언성이 높아졌습니다.

나는 조기 투표 피켓을 들었고 제보자들은 타 후보의 선거운동원 옷을 입고 있었습니다. 분위기가 파악되었는지 그들이 먼저 자리를 떠났습니다. 차분히 선관위 직원과 이야기를 했습니다.

"내가 누구를 지지한다고 했습니까? 나는 무소속이라고만 했소."

선관위 직원은 "지금은 여당 후보와 무소속 대결인데, 무소속 하면 누구나 안철수 후보라고 생각하기에 저분들이 신경이 곤두서 그렇게 생각했을 겁니다"라고 말했습니다.

내가 불법을 저질렀다면 책임지겠다고 했습니다. 그리고 낮엔 바쁘니 볼 일이 있으면 전화하지 말고, 조기 투표가 끝나는 날까지 이곳을 지킬 것이니, 내일 아침 6시 30분에 이곳에서 만나자고 했습니다.

그렇게 모든 것은 정리됐습니다.

그날 오후에 선관위에 전화를 걸어 아침에 접수된 건이 어떻게 되었냐고 물어봤습니다. 지금까지 연락이 없으면 그 정도는 충분히 사정을 고려했을 거라며 아무 문제가 없는 것으로 알라고 하더군요. 그리고 조금만 선거법에 신경 쓰면서 내일도 조기 투표 홍보를 열심히 하라고 격려해 주었습니다.

인사말과 몸짓이 변해 갔습니다. 첫날, 그냥 눈이 마주치면 인사만 했지요. 그리고 "조기 투표 하세요"가 전부였습니다.

이튿날, 소품으로 보리굴비가 탄생했지만 그냥 들고만 있었습니다. 그리고 인사와 "조기 투표 하세요" 외의 말은 거의 없었습니다.

다음날, 여유가 조금씩 생기니 이제 웃는 얼굴로 인사를 해야겠다고 생각했습니다. 웃으면서 인사하고 눈을 마주치니 공감대 형성이 배가되었습니다. 개정된 선거법을 알렸습니다.

"선거법이 개정됐습니다. 이제 투표를 3일간 할 수 있습니다. 조기 투표 하세요."

다음날, 대학생 자원봉사자들이 함께 했습니다. 목소리 홍보도 수월해졌습니다. 뒤쪽에서 조기 투표에 대한 부가 설명을 같이 했습니다.

"19일, 20일, 동사무소에서 합니다"라는 말만 해주어도 말할 수 없을 정도의 홍보 효과가 있었습니다.

이때부터 무작정 조기 투표 홍보가 아닌 눈이 마주치거나 한두 분이 걸어오시면 개인적인 인사를 하면서 서로 공감대가 형성될 수 있는 인사말을 시작했습니다. 한두 분씩 나에게 격려의 말씀을 해주시는 분들도 늘어나고 있었습니다.

다음날, "선거법 개정, 바쁘시면 조기 투표" 점점 핵심만 말했습니다. 상윤, 승우 등이 동참하면서 여유도 생겼습니다. 소품인 조기를 들고 장사하는 것처럼 조기 투표를 팔기 시작했습니다.

13일, 노원역 9번 출구 옆엔 바로 횡단보도가 있습니다. 4호선

지하철 고가도로 밑이지요. 그곳에 커다란 조기 투표 홍보 및 독
려 현수막을 설치했습니다. 현수막에는 '생선 조기 한 마리, 기표
하는 손'의 이미지 사진과 '속보 바쁘시면 조기 투표' '일시, 장소,
조기 투표 전도사 김상봉'을 넣었습니다.

　현수막을 보노라면 천군만마 지원군이 내 곁을 지키고 있는 것
같았습니다. 한눈에 조기 투표를 명쾌하게 전달할 수 있는 홍보
현수막이기 때문이죠. 커다란 현수막이 나를 응원하고, 서포터즈
들도 계속 많아져 홍보하는 방법은 날로 발전하고 있었습니다.

이제 조기 투표 하는 날이 얼마 남지 않았습니다. 장소와 시간, 신분증 지참을 알리기 시작했습니다. 사람들도 나에게 궁금한 것이 있었는지 거꾸로 질문도 하고 격려도 해주시는 사람들이 점점 늘어갔습니다.

서울에 올라오면서 스스로 다짐했던 나를 찾아가고 있었습니다. 인사를 하면서 많은 사람들과 눈을 마주칠 여유가 생겼고 입가에 거품이 생기도록 쉬지 않고 말을 하면서도 웃음을 잃지 않게 되었습니다.

18일입니다.

"드디어 내일이면 조기 투표가 시작됩니다. 바쁘시면 조기 투표입니다. 신분증만 가지고 동사무소로 가시면 됩니다."

짧은 홍보 말에도 사람들은 고개를 끄덕였습니다.

처음 시작한 날에는 출근하는 사람들을 아무도 몰랐지만 2주라는 시간이 흐르다 보니 이제 모르는 사람보다 낯익은 사람들이 훨씬 많아졌습니다.

조기 투표에 대한 소통과 공감대가 형성되었습니다. 이제 필요한 말은 조기 투표뿐이었습니다.

19일입니다.

"드디어 시작되었습니다. 동사무소로 가시면 됩니다."

이 두 멘트를 가지고 조기 투표 홍보 캠페인을 마감하는 하루였습니다.

4일 아침 처음 시작할 때 나는 내 자신과 약속했습니다.

'오늘은 내가 먼저 인사하지만, 끝나는 19일에는 시민들이 먼저 인사할 수 있도록 하겠다.'

결국 나와의 약속도 지켰습니다. 아무튼, 자원봉사자들과 새 정치 선거운동을 해냈습니다.

마지막 인사는 특별했습니다. 포장마차 사장님에게 굴비를 드리며 작별인사를 할 때입니다.

포장마차에서 다른 후보의 운동원 아주머니들이 간식을 먹고 있었습니다. 9번 출구에서 여러 번 서로 인사를 나눠 안면이 있는 분들입니다. 나에게 고생했다고 격려의 말씀을 해주십니다.

나는 양해의 말씀을 드렸습니다.

"미안합니다. 저는 그동안 그쪽 후보를 위해 한 것이 아니라 아무 말은 안 했지만 안철수 후보를 위해 투표율을 높이기 위해 매일 조기 투표를 홍보했습니다."

그런데 내가 생각지 못한 말씀을 하십니다. "우리는 상관없어요. 열정을 가지고 추운 날씨에도 매일 열심히 홍보하시는 아저씨 모습이 너무 아름다웠어요"라고 말했습니다.

그 말 한마디가 그동안 어렵고 힘들었던 모든 것들을 다 녹여버렸습니다. 가슴으로 말하고 행동하는 진심이 통했을까요?

조기 투표 결과를 보니 홍보는 대성공이었습니다. 다른 곳에 비해 투표율이 엄청 높았지요.

나는 속으로 10%를 기대했으나 약간 못 미쳤습니다. 하지만 전국 조기 투표율 4.78%에 비하여 서울 노원(병)은 8.38%로 약 두 배 가량 높습니다. 보통 재·보궐선거 때 부재자 투표율이 2% 안팎인 것과 비교하면 엄청난 수치입니다.

한 장의 조기 투표 피켓이 시민들의 마음을 흔들었습니다.

조기는 풍어,
홍보는 대박이었다

사무실 내에서도 조기 투표 피켓은 대박이었죠. 트위터에 올리겠다고 모두들 야단이었습니다.

세워놓은 피켓만 사진 찍는 사람, 나에게 피켓을 들고 서서 찍어야 한다며 격려해 주는 사람 등 모두가 너무나 공감된다며 조기 투표 홍보에 적극적으로 함께 해 주셨습니다.

그리고 6시 30분 홍보시간 약속을 지키기 위해 찜질방에서 자며 함께 해준 청년, 대학생 자원봉사자들이 있어서 더욱 의미가 깊었습니다.

홍보가 끝나면 8시 10분쯤 8층 사무실에 도착합니다. 일찍 나온 자원봉사자들과 인사를 나누고 피켓과 생선 조기 소품을 보관합니다. 그리고 3층에 들러 자원봉사자들과 인사를 나눕니다.

전성기, 김관수, 양회선, 박홍수 선배 등 매일 아침 일찍부터 고생하시는 자원봉사자 분들이 기억에 아직도 생생합니다. 아침마다 격려해 주시고 응원을 아끼지 않으셔서 큰 힘이 되었던 분들이죠.

한번은 3층에 내려가 아침 인사를 하는데 모르는 아주머니 한 분이 계셨습니다. 조기 투표 홍보를 하고 돌아왔다고 하니 인터넷에서 본 분이라며 악수를 청했습니다. 그리고 반갑다며 트위터에 올리겠다고 기념사진도 같이 찍었죠.

내가 선거에 출마한 것도 아닌데 기분이 묘했습니다. 나하고 기념사진을 찍자고 하는 사람도 생겨서 말입니다.

그리고 사무실에서는 대학생 자원봉사자들은 나를 '조기 아저씨'라고 불렀습니다. 이곳 노원에서 김상봉은 조기가 되었습니다. 나이 드신 분들은 나를 '조기 선생님'이라 합니다. 지금도 귓가에 '조기, 조기' 소리가 들릴 정도입니다.

심지어 먹고 살기 힘들면 영광에 가서 조기 받아와 노원에서 팔면 모든 것이 해결될 거라는 농담도 들었습니다. 그렇게 조기 투표 홍보는 대박이었고, 승우 말대로 조기는 목포가 아닌 이곳 노원에서 봄부터 풍년이 들었습니다.

하루는 안철수 후보가 직접 주재하는 회의에서 격려와 응원의 박수를 받았습니다.

회의가 끝날 무렵, 정기남 선배가 갑자기 나를 소개했습니다.

나주에서 생업까지 포기하고 올라와, 매일 아침 추위와 싸우며 조기 투표 홍보를 열심히 하고 있는 자원봉사자라며 격려와 응원의 박수를 보내달라고 했습니다.

모두 뜨거운 박수를 보내주었습니다. 안철수 후보도 박수를 치면서 가벼운 목례와 환한 웃음으로 격려해 주었습니다. 40이 넘었지만 솔직히 기분도 좋고 힘이 솟아나대요.

회의를 마칠 때 마무리 구호도 선창했습니다. '새정치는 말이 아닌 행동이다'라는 생각이 들었습니다. 나는 "행동으로 승리하자"를 선창했습니다. 모두들 사무실이 떠나가도록 구호를 외치며 결의를 다졌습니다.

행동으로 실천하고 승리해 이곳 노원에서 새정치의 싹이 잘 자라기를 진심으로 기원했죠.

조기 투표 선거법은 수정 보완되어야 한다!

조기가 세상을 바꾸기 위해서는 조기 투표 선거법이 더 수정 보완 되어야 한다.

조기 투표는 선거 당일 개인의 사정으로 투표소를 찾지 못하는 유권자들이 부재자 신고를 하지 않고도 간단한 신분증 하나로 투표할 수 있는 제도로, 세계에서 우리나라만 유일하다.

우리나라는 통합선거인명부가 작성되어 투표소가 설치된 곳이면 전국 어디에서도 신분증 하나면 투표할 수 있다.

우리나라 선거일은 수요일로 고정된 상황이다. 조기 투표는 선거일 전 5일부터 2일간 실시하도록 돼 있어, 이번 재·보궐선거에서 처음 시행된 관계로 금요일과 토요일 2일간 실시되었다.

하지만 이번 선거에서 보았다. 노원역 9번 출구에서 쉬지 않고 출근시간에 홍보를 해보니 토요일에도 평일의 약 30% 정도는 유동 인구가 있었다.

토요일 근무자의 경우 조기 투표 본래의 도입 의도대로 투표권을 행사함에 분명한 한계가 있어 보였다.

대한민국은 민주공화국이고 주권은 국민에게 있으며 모든 권력은 국민으로부터 나온다고 헌법에 규정하고 있다. 행정상 우편 발송 및 도착 시간의 어려움이 있겠지만 국민 개개인이 주권을 행사하는 투표권을 보다 적극적으로 행사할 수 있도록 해야 한다고 생각한다.

조기 투표일을 토요일과 일요일로 변경하고 시간도 수요일 투표 시간과 동일하게 선거법을 손질하는 것이 바람직하다고 생각된다. 투표율은 곧 국민들의 참여정치 실현의 수치이기 때문이다.

다행히 이번 선거 기간에 조기 투표의 문제점을 인식하고 국회의원 한 분이 요일 변경을 위한 선거법 개정을 발의했다고 한다. 하지만 요일 변경과 함께 시간도 변경하는 것이 더 좋다고 생각된다.

지금은 조기 투표 마감 시간이 오후 4시이다. 어떤 이유인지는 잘 모르겠지만 자원봉사 활동을 할 때 오후 4시는 대낮이기 때문이다.

국민들이 더 효율적으로 투표에 참여할 수 있도록 선거법을 개정하는 고민과 검토가 필요하다고 생각된다.

5

새정치는
모험이 아니었다

새정치는
모험이 아니었다

안철수 후보는 득표율 60.5%라는 수치로 대승을 거두었습니다.
인위적인 야권 단일화의 득표율 57.2%보다 안철수 새정치의 득표율이
더 높은 것입니다.
새누리당을 지지하시는 많은 분들도,
새정치의 대열에 동참하고 있음을 증명해 준 결과였다고 생각됩니다.

예견된 선거 결과

벌써 4월 22일, 이제 선거가 종반에 접에 들었습니다. 조기 투표율이 상당히 높았습니다. 이번에 전체 투표율도 상당히 높을 거라고 예상되었습니다.

조기 투표도 끝나고 해서, 가벼운 마음으로 지인 찾기에 도움을 주신 분들께 감사 전화를 드렸습니다. 인사도 드리면서 꼭 투표해 주실 것을 부탁드리며, 주위 분들과 함께 투표에 참여해주실 것을 당부했습니다.

일석이조의 효과를 노렸습니다. 그리고 토크식 공감 유세장에도 참여하면서 유권자들을 많이 만났습니다.

이제 마무리를 잘해야 한다고 생각했습니다. 선거가 끝나면 모두들 정신이 없을 테니 시간 나는 대로 하나하나 기록을 남겼습니다.

짧은 시간이었지만 정들었던 사람들과 사진으로 추억을 담기도 했습니다.

나는 이번 선거는 무조건 이긴다고 확신했습니다. 지인 찾기를 하면서 밑바닥 분위기를 많이 접했기 때문입니다.

전화로 통화하면서 분위기를 물어보거나 만나서 이야기해보면 대부분 안철수 후보를 지지하고 있었습니다. 그런데 언론만 박빙이라고 야단들이었습니다.

24일 선거가 시작되었습니다. 모두들 투표율에 관심이 집중되었습니다. 언론에서는 40%를 넘을지가 관건이었습니다. 결과는 43.5%. 대단한 투표율이었습니다. 그리고 득표율 또한 국민적인 관심거리였습니다.

'야권 단일후보로 출마한 노회찬 전 의원의 득표율 57.2%를 과연 넘어설 수 있을까?'

안철수 후보는 새정치를 위해 정치공학적 야권 단일화는 있을 수 없는 일이라며 묵묵히 혼자 걸었습니다. 그러나 득표율 또한 대부분의 예상을 훨씬 넘어 안철수 후보는 득표율 60.5%라는 수치로 대승을 거두었습니다. 인위적인 야권 단일화의 득표율 57.2%보다 안철수 새정치의 득표율이 더 높은 것입니다.

새누리당을 지지하시는 많은 분들도 새정치의 대열에 동참하고 있음을 증명해 준 결과였습니다.

이번 노원(병) 선거로 새정치의 새싹은 분명히 튼튼하게 자라기 시작했습니다.

올라올 때 사무실 주변의 가로수엔 나뭇잎이 없었습니다. 하지만 벌써 나뭇잎뿐만 아니라 사무실 밖의 벚꽃이 피었다가 지고 있습니다. 사무실 주변의 가로수에서 나뭇잎이 무럭무럭 자라나듯 안철수의 새정치는 살아 있고 지금도 자라고 있다고 생각합니다.

새정치의 새싹은 안철수 후보 혼자서 키우는 것이 아닙니다. 많은 국민들이 함께 공감하고, 함께 동참했을 때만이 잘 자랄 수 있습니다.

해단식
- 이제 다시 시작이다

해단식. 모두들 웃는 얼굴입니다. 그동안 함께 했던 이야기와 새정치의 미래를 이야기하며 웃음꽃을 피웠습니다.

특히 대부분의 사람들은 안철수 의원에게 새정치 실현을 위해 묵묵히 국민만 바라보고 전진 또 전진해줄 것을 건의했습니다. 모두들 끝까지 함께 하고 응원할 거라고 다짐하면서 말입니다.

나는 잠시 생각에 잠겼습니다.

서울에 올라올 때 새정치를 온몸으로 체험하고 느끼고 배우고 싶었습니다. 체험했고, 느꼈고, 배웠다는 결과를 내렸습니다.

'그렇다면 이제 김상봉은 새정치를 위해 무엇을 해야 하는가?'

나에겐 또 하나의 숙제가 남았습니다. 그래서 집으로 돌아와 이렇게 책을 쓰고 있습니다.

고향에 내려가면 많은 사람들이 그리워질 겁니다. 아무튼

2013년 4월은 나의 인생에서 매우 뜻깊은 시간이었습니다.

　내 아들 병모와 준모에게 부끄럽지 않은 삶을 살아가겠다고 다짐해 봅니다.

　"병모, 준모야! 오늘 최선을 다한 사람에게만 내일 최선을 다할 기회가 주어진단다. 그러니 최선을 다하고 당당하게 살자."

　새정치 실현을 위한 대열에 함께 할 수 있는 기회가 주어진다면 새정치 실천가가 되어 아들들에게 올바른 말을 할 수 있는 사회가 되도록 나의 작은 힘이나마 보탬이 되는 진실된 삶을 살아가고 싶습니다.

안철수 의원은 해단식에서 새정치의 길을 뚜벅뚜벅 걸어가겠다고 합니다.

"선거 사무소에서 자원봉사해 주신 분의 말씀을 듣고 눈물이 났습니다. 지금까지 해온 것처럼 한 번도 가보지 않은 길 뚜벅뚜벅 걸어가면 늘 응원하겠다는 말씀. 잊지 않고 가슴에 새기겠습니다. 여러분이 계셔서 제가 여기까지 왔습니다. 이제 멀고 더 험한 길을 갑니다. 새정치의 길, 뚜벅뚜벅 나아가겠습니다."

6

새정치 선거운동의
지인 찾기

새정치 선거운동의
지인 찾기

4월 4일 드디어 첫 성과가 나왔습니다.
처음으로 유권자 6명을 찾아낸 것입니다. 뿌듯했고 자신감이 생겼습니다.
하지만 오늘까지의 결과가 6명뿐이라는 사실에,
마음 한구석에는 걱정도 자리 잡고 있었습니다.

지인 찾기는
서울에서 김 서방 찾기

안철수 후보의 선거기간 중 어려움 중의 하나는 조직이 없다는 것이었습니다. 정치활동에 있어 조직은, 특히 선거에서는 그것도 재·보궐선거에는 당락 결정에 매우 중요한 역할을 합니다.

안철수 후보 캠프에서는 조직이 없는 어려움을 극복하기 위해 자원봉사자들을 중심으로 순수 자발적인 지지자를 찾아내겠다는 목표로 지인 찾기 운동을 펼치게 됩니다.

선거사무실에서 처음 만난 허활석 상황실장이 나에게 준 첫 번째 임무는 광주·전남 지역의 지인 찾기였습니다.

서울에 올라오기 전 고향 선후배들로부터 지인 찾기에 대해 이야기한 것이 생각 나 자신감이 생겼습니다. 그래서 500명을 목표로 지인 찾기를 시작했습니다.

그러나 지인 찾기는 생각보다 어려웠습니다. 먼저 내가 아는 서울의 친척, 친구, 선배, 후배, 향우 등등 지인들에게 전화를 해서 지인 찾기에 대해 설명을 드렸습니다.

"노원구 상계동에 지인이 있으면 전화라도 한 통 해 달라, 안철수 후보는 반드시 새정치로 보답할 것이다, 전화번호를 알려주시면 내가 직접 연락하겠다" 등등 정말 애원하고 애원했습니다. 문자도 보냈습니다.

"정말 고맙습니다. 김상봉 전화번호. 선거구는 상계 1, 2, 3, 4, 5, 8, 9, 10동. 도와주셔서 정말 감사합니다."

지인 찾기는 '서울에서 김 서방 찾기'였습니다. 처음 며칠은 선거구인 상계동에 아는 사람이 아무도 나타나지 않았습니다.

기가 막힐 일이었습니다. 서울에 아는 사람은 많은데 노원구 상계동에는 아무도……

정말 힘들고 어려웠습니다. 열 사람에게 전화를 하면 한 사람 정도 노원(병) 선거구에 사는 사람이었습니다. 그것도 성과가 있었을 때 이야기죠.

전화 멘트도 언제나 동일했습니다.

"노원(병) 선거구는 노원구 상계동입니다. 상계동은 1동에서 10동까지 있는데 6동과 7동을 제외한 8개동입니다."

지인들에게 전화로 인사를 하면서 안철수 캠프에서 자원봉사를 하고 있는데 혹시 노원구에 아는 사람이 있느냐고 하면, 역

시나 누구누구 지인이 서울에서 살고 있으니 연락해 보고 확인
하여 전화한다고들 했습니다.

그러나 그분들도 매한가지 '서울에서 김 서방 찾기'였습니다.
전화를 다시 해주신 분들은 거의 없었죠.

넓고도 넓은 서울, 그것도 노원구 상계동.

인연의 끈은 쉽사리 연결되지 않았습니다.

사람과의 관계를 연결한 지인 찾기는
자원봉사자 배가운동

나는 새정치실천단 부단장이면서 광주·전남 지역 실무책임자로 지인 찾기를 했습니다. 지역의 지인들에게도 전화로 도움을 요청했습니다. 그리고 문자도 보냈습니다.

광주·전남 지역에서도 많은 분들이 도움을 주겠다며 약속하고 실천위원으로 자원봉사 활동에 참여했습니다.

각자 지인 찾기를 하여 저에게 인수인계를 해주기로 했지만 그분들 또한 서울의 김 서방을 찾아야 했기 때문에 며칠 동안 거의 성과가 없었습니다.

그래도 조만간 성과가 나올 것이라고 믿고 열심히 연락을 하면서 '서울의 김 서방 찾기'를 계속했습니다.

4월 4일 드디어 첫 성과가 나왔습니다.

처음으로 유권자 6명을 찾아낸 것입니다. 뿌듯했고 자신감이 생겼습니다. 지역에서 많은 분들이 고생한 결과 첫 성과가 나왔으니 광주·전남 출신 지인 찾기 500명 목표 달성은 시간문제라고 생각했습니다.

하지만 오늘까지의 결과가 6명뿐이라는 사실에 마음 한구석에는 걱정도 자리 잡고 있었습니다.

결국 나만의 방법으로 지인 찾기를 했습니다. 매일 광주·전남 새정치실천단 실천위원들로부터 성과물을 취합하고 피추천인 유권자들에게 전화로 노원(병) 유권자인가를 확인하고 감사의 말씀을 전하면서 재추천을 요청했습니다.

피추천인에게 거듭 인사하고 도움 청하기를 반복하여 새로운 지인들을 연결하고 연결하였습니다.

확실히 성과가 있었습니다. 지인 찾기 500명 목표 달성은 약 2주간의 시간이 걸렸고 최종 722명을 찾아 목표치의 150% 가량의 성과를 냈습니다.

어려운 가운데서도 많은 분들의 정성 어린 노력으로 지인 찾기는 성공했습니다. 자원봉사 활동을 하면서 지인 찾기 실천위원으로 서울의 김 서방을 찾아준 많은 분들에게 진심으로 감사드립니다.

7

새로운 시도들,
열매를 맺다

새로운 시도들,
열매를 맺다

지인 찾기는 자원봉사자들이 자신의 인간관계를 안철수 후보와 연결해
주는 것으로, 사람과 사람과의 관계를 맺어주는 새정치 선거운동이라고
할 수 있습니다. 추천인이든 피추천인이든 모두가 하나 되어 자원봉사를
해주는 진정한 자원봉사 조직이라고 이제는 자신 있게 말할 수 있습니다.
노원(병)에서의 토크식 공감 유세는 안철수식 연설이었습니다.
규모는 작았지만 참여하는 시민은 누구보다 열의가 있었고,
이야기를 메모하는 사람도 있었습니다.
일반적 생활 이야기, 정책 이야기 등의 공감 유세장은 어린이들까지 함께
하는 자리가 되었습니다.

조직 없는 선거운동
- 안철수식 지인 찾기

안철수식 지인 찾기는 자발적 자원봉사자 배가운동입니다.

지인 찾기를 처음 시작할 때는 '새정치는 무슨 새정치', '조직을 꾸리려는 꼼수'로 생각했기에 지인 찾기 선거운동 방법은 새정치에 맞지 않다고 생각했습니다.

곧 조직을 꾸리는 방법으로만 생각해서 재·보궐선거의 투표율이 두려워 구시대적 발상을 했다고 오해했지요.

하지만 지인 찾기를 계속하면서 의미를 찾을 수 있었습니다. 진정한 새정치라는 생각이 들었습니다.

구시대적 조직 꾸리기는 수단과 방법을 가리지 않고 심지어는 돈으로 매수까지 하면서 선거 조직을 꾸리는 경우가 있어, 종종 사회적 문제가 되기도 했습니다. 그러나 안철수식 지인 찾기는 사람과 사람과의 관계 고리를 연결해 주는 선거운동 방법이었습니다.

안철수라는 인물 자체가 좋아서 다른 후보들에 비해 경쟁력은 있지만, 더 중요한 것은 추천인의 성의입니다. 추천인이 정확하게 추천을 해주면 지인 찾기의 배가운동은 쉽습니다.

그리고 지인 찾기 자원봉사자들의 끈기와 부지런함도 필요합니다. 직접 확인하고 찾아가서 사람과의 연결고리를 잘 만들어야 합니다.

안철수보다는 추천인과의 인간관계에서 안철수 후보 당선을 위해 열심히 도와준 분이 많았습니다.

추천인이 직접 찾아가 인사를 드리고 도움을 받으라고 하면 나는 직접 찾아가 추천인을 대신해 감사의 인사를 드리고 주위 분들의 추천을 요청했습니다.

지인 찾기가 1차에서 2차, 2차에서 3차까지 연이어 추천이 이루어진 경우도 있었습니다. 2차 추천해 주신 분들 중, 피추천인 중 한두 분을 찍어서 그분이 어떤 일을 하고 있기 때문에 잘 말씀을 드리면 또 추천을 해줄 것이라는 정보를 주는 경우가 많습니다. 1차 때와 똑같은 방법으로 도움을 요청하면 계속적인 추천이 이루어졌습니다.

새정치 선거운동 방법으로 전파해도 된다고 생각합니다. 돈도 안 들이고 자원봉사자 배가운동이 되는 것이지요. 지인 찾기는 자원봉사자들이 자신의 인간관계를 안철수 후보와 연결해 주는 것으로, 사람과 사람과의 관계를 맺어주는 새정치 선거운동입니다.

심지어 피추천인 아들이 군대를 가려고 휴학하고 있는데 안철수 후보의 자원봉사 활동을 희망하여 사무실에서 자원봉사 활동을 하는 경우도 있었습니다. 직접 사무실을 찾아와 도움을 주신 분들은 열정이 대단한 분들입니다.

한번은 80이 넘으신 어르신께서 직접 사무실을 방문하셨습니다. 지인과의 관계를 말씀하시며 그 사람을 생각해 직접 사무실에 오셨다고 합니다. 그러면서 자식들, 친척, 친구, 지인들을 손수 써오셨습니다.

전화를 해 놓았다고 하며 다시 전화를 해보라고 하십니다.

나는 곧바로 어르신의 존함을 대고 감사하다는 말씀과 주변 사람의 추천을 부탁했습니다. 어르신께서 얼마나 자세히, 그리고 거절할 수 없는 부탁을 해 놓았는지 대부분의 사람들이 2차 추천을 여러 분씩 해주셨습니다.

반대로 생색 내기 위해 오신 분도 있었지요. 지금까지 노원에서 정당 생활을 했기 때문에 지금도 동지들이 많다며 어르신들을 추천해 주셨습니다. 그러나 결과는 '꽝'이었습니다.

지인 찾기는 처음엔 정말 서울의 김 서방 찾기였습니다. 그래도 좋은 분들을 많이 만나 뜻깊은 시간이었습니다.

소통하는 선거운동
- 토크식 공감 유세

안철수의 토크식 공감 유세는 주민들과 직접 소통하는 새로운 유세 방식입니다. 새 인물에 대한, 새 정치에 대한, 전국이 지켜보는 노원(병)에 대한 기대에 부응하기 위해서 안철수식 토크 공감 유세를 새롭게 시작했죠.

길목 공감 토크, 마을 공감 토크, 퇴근길 공감 토크, 청춘 콘서트 공감 토크 등.

다양한 공감토크 유세가 진행됐습니다.

커다란 스피커를 통한 일방적 연설보다 조용하면서도 주민들과 서로 공감하는 이야기식 거리 유세방식입니다. 골목에서는 휴대하기 편리한 메가폰을 이용하기도 합니다.

퇴근길에는 지하철역 앞에서 퇴근길 공감토크 유세를 했습니다. 퇴근길은 여유가 있어서인지 분위기만 형성되면 모두들 잠시

멈춰 서서 호응해 주었습니다.

일반적인 전달식 연설이 아닌 시민들이 포스트잇에 질문을 직접 메모하여 메모판에 붙여 놓으면 그 중에서 하나를 사회자가 무작위로 선택하여 안철수 후보에게 직접 질문하고 대답하는 형식입니다.

형식에 얽매인 진행이 아닌 현장감 넘치는 살아 있는 진행으로 인해 공감대가 더 깊고 넓게 이루어졌습니다.

어느 순간부터 안철수 후보는 춤을 추기 시작했습니다. 선거현장 속에서 스스로를 변화시키고 발전하고 있었지요. 마들역과 수락산역 등의 퇴근길 공감토크 유세에서는 직접 노래도 불렀습니다. 지금도 귓가에 맴돕니다.

"그대 가슴에 얼굴을 묻고 오늘은……."

김수희의 "애모"입니다.

안철수 후보는 노래도 하고 춤도 추었습니다. 시민들과 소통하고 공감하기 위한 모습이 너무 좋았습니다.

지금까지의 거리 유세는 혼자 선동하는 일방적 유세였습니다. 그렇기 때문에 서로 소통하고 공감하는 연설이 되지 못했고 소음 공해가 되어 유권자들이 짜증부터 내는 경향이 컸습니다. 연설이 공감되지 않으면 허공에 이야기한 것과 같습니다.

노원(병)에서의 토크식 공감 유세는 안철수식 연설이었습니다.

규모는 작았지만 참여하는 시민은 누구보다 열의가 있었고 이야기를 메모하는 사람도 있었습니다.

일반적 생활 이야기, 정책 이야기 등의 공감 유세장은 어린이들까지 함께 하는 자리가 되었습니다.

공감 토크 유세장에서는 다른 선거에서 볼 수 없는 특이한 광경을 자주 목격할 수 있었습니다. 먼저 어린이들이 와서 자리를 잡고 있는 모습, 안철수 후보가 상가를 방문하면 어린이들이 줄지어 따라다니는 모습, 아무 곳에서나 기념사진을 촬영하는 모습 등 안철수 후보만이 가능한 광경들이었습니다.

어린이들이 왜 안철수를 본받아 닮고 싶어하는지를 그 광경 속에서 가슴으로 느낄 수 있었습니다.

포토 타임도 청중과 하나가 되는 선거운동 방식이었습니다. 누구나 안철수와의 인연을 소중히 간직하고 싶었을 겁니다. 소중한 인연으로 간직하고 싶은 이유야 서로들 다르겠지만 안철수 후보와 함께 사진을 찍으려고 줄을 서 있는 모습은 똑같았습니다.

매우 짧은 선거운동 기간 중에도 포토 타임에 안철수 후보는 많은 시간을 배려했습니다. 이 또한 소통과 공감의 장이었습니다.

그리고 언덕이 많은 상계동에서 골목골목을 누비며 한 사람일지라도 뛰어가 반갑게 인사를 나누는 것은 또 다른 안철수 후보의 아름다운 모습이었습니다.

마지막 공감 토크에서도 안철수 후보는 새정치를 또 약속했습니다.

　　"서민과 중산층을 위한 정치, 작은 목소리를 대변하는 정치, 민생을 해결하는 정치, 말이 아니라 실천하는 정치. 저는 이러한 새정치를 노원에서 시작하겠습니다. 우리의 힘으로 정치를 바꾸고 우리의 미래를 우리의 힘으로 만들어갑시다. 정치 좀 제대로 해 달라, 힘없는 사람 좀 도와 달라는 말씀, 꼭 기억하겠습니다."

삶의 장인,
이 시대의 을파소를 찾아라

안철수 후보는 당선되어 국회의원이 됐습니다. 이제 안철수 의원은 우리나라 정치의 주변인이 아닌 현실 정치의 당사자이고 주체입니다.

많은 사람들이 두루뭉술하다고 표현합니다. 새정치의 깃발만 나부낀다고 합니다.

이제 새정치를 국민들에게 보여주어야 합니다. 뺄셈 정치가 아닌 덧셈 정치로 국민을 믿고 새정치 실현에 온몸을 던진다면 그동안 안철수 의원의 진실을 믿어주지 못하고 비아냥거리거나 바라만 보고 있는 국민들도 도와주리라 믿습니다.

모든 것을 처음부터 시작한다는 생각으로 국민만 보고 뚜벅뚜벅 걸어간다면 새정치는 실현될 수 있을 겁니다. 몇몇 사람들이 아닌 모두가 함께 할 수 있는 시스템을 만들었으면 합니다. 하나

하나 차근차근 새정치의 탑을 국민과 함께 쌓았으면 좋겠습니다.

요즘 안철수 신당에 대해 국민들은 많은 관심을 갖고 있습니다. 신당은 누구나 인정할 수 있는 공당이 되어야 합니다. 많은 사람들이 우려하는 사당적 의미의 신당이 만들어져서는 안 될 것입니다.

그리고 정치권에서는 인재 영입을 위해 공을 들이고 있습니다. 고구려의 명재상 을파소가 떠오릅니다. 고국천왕은 압록 강가에서 그물질을 하고 농사를 짓는 을파소를 재상으로 삼았습니다.

을파소는 지금의 사회복지제도와 같은 진대법을 실시하여 굶주린 백성들을 구하는 등 많은 업적을 남겨 역사적으로 지금까지도 존경받는 대표적인 명재상입니다.

새정치를 위해서는 이 시대의 을파소를 찾아야 합니다. 국민들 속으로 들어가 삶의 장인을 찾아야 합니다. 단순한 인재 찾기보다는 이 시대의 을파소를 찾아 신당의 길을 가야 합니다.

이제 을파소와 같은 삶의 장인들을 찾아 덧셈 정치를 하여 국민들에게 인정받고 사랑받는 신당이 탄생되면 좋겠습니다.

8

내 삶을
돌아볼 수 있었다

내 삶을
돌아볼 수 있었다

세 뿌리는 입뿌리, 발뿌리, 신(腎)뿌리란다.
'입뿌리'는 말 조심이야.
말 한 마디로 천 냥 빚을 갚을 수도 있지만 사람을 죽일 수도 있어.
'발뿌리'는 갈 곳 안 갈 곳을 가려서 다녀야 한다는 말이야.
길을 잘못 들면 나쁜 오해를 사.
'신뿌리'는 바람기야.
가정 풍파는 물론 패가망신의 지름길이란다.

4월 21일 아버님 묘소 이장
- 아버님, 꿈을 다시 펼치겠습니다

노원(병) 선거가 종반인 4월 21일, 일요일 고향에 내려와 아버님 묘소를 이장했습니다. 집에서는 선거일이 바쁘면 서울에서 열심히 하라고 했지만 이승에서 아버님을 뵙는 마지막이라고 생각했기에 모든 것을 뒤로하고 내려갔습니다.

돌아가신 지가 벌써 13년. 우리 가족들은 아버님의 임종을 보지 못했습니다. 살아 생전에 아버님은 병원에 거의 다니지 않으실 정도로 건강하셨습니다. 그런데 갑자기 심장 질환으로 돌아가셨습니다. 쓰러지셨다는 소식을 듣고 서둘러 병원으로 갔지만 아버님은 이미 운명하신 뒤였습니다.

아버님은 내가 정치의 길로 가는 것에 대해 반대하셨습니다. 대학 때 총학생회장 출마도 반대하셨지요. 정당 생활을 할 때도 가난하고 배경도 없으니 정치인으로 성공하기는 어렵다고 하셨습니다.

내가 새정치국민회의 전라남도지부 총무부장을 할 때입니다. 시골집에 내려가서 아버님께 말씀을 드렸습니다.

"아부지, 정치의 길이 힘드는 줄 압니다. 그러나 아부지 아들은 견뎌낼 자신 있습니다. 근데 집에서는 어느 누구도 나의 길을 인정하지 않고 언제나 그 길은 안 된다고만 하니 그것이 저를 더욱 힘들게 합니다."

아버님은 한숨만 쉬셨습니다. 한참 있다가 말씀을 하셨지요. 어떻게 하면 되겠냐고 하셨습니다.

"제가 아버님 앞에서 제 죽음을 이야기하면 남들은 다들 욕할 겁니다. 그래도 말씀드리겠습니다. 아버님, 저는 내일 교통사고가 나서 길거리에서 죽음을 맞이한다 해도 웃으면서 죽을 자신이 있습니다. 어느 것도 두렵지 않습니다. 저는 나름대로 당당하게 살아가고 있습니다. 돈도 배경도 필요없습니다. 오직 아버님만 저를 믿어주신다면 아버님의 믿음 하나로 세상을 헤쳐갈 수 있습니다. 자신 있습니다."

아버님의 대답은 너무도 짧았습니다.

"그래, 알았다."

그 후 아버님은 저에게 정당 생활을 하면서 건강에 대한 술 조심, 비리에 대한 돈 조심을 많이 강조하셨습니다. 술도 많이 먹

고 돈을 만지는 직책이어서 그랬나 봅니다.

그리고 남자의 세 뿌리를 강조하셨습니다. 특히 정치를 하는 사람은 세 뿌리를 조심해야 한다고 하셨습니다.

"세 뿌리는 입뿌리, 발뿌리, 신(腎)뿌리란다. '입뿌리'는 말 조심이야. 말 한 마디로 천 냥 빚을 갚을 수도 있지만 사람을 죽일 수도 있어. '발뿌리'는 갈 곳 안 갈 곳을 가려서 다녀야 한다는 말이야. 길을 잘못 들면 나쁜 오해를 사. '신뿌리'는 바람기야. 가

정 풍파는 물론 패가망신의 지름길이란다."

파묘하고 관을 열어 아버님을 뵈었습니다. 한참을 우두커니 서서 유골을 바라보았습니다. 생전의 아버님 모습이 아른거렸습니다.

아버님의 유골을 한지로 깨끗하게 닦았습니다. 형님이 만들어 주신 대나무 칼을 이용해 이물질을 긁어낸 다음 유골에서 광채가 날 정도로 깨끗하게 정성을 다해 닦고 또 닦았습니다. 그러면서 아버님께 다짐했습니다.

"제 꿈을 접지 않고 열심히 살겠습니다. 하늘에서 꼭 지켜봐 주십시오. 그리고 아들을 믿어주셔서 감사합니다."

아버님은 그리 크지 않은 논과 밭을 일구며 사신 농부였습니다. 농사일로만 4남 2녀의 자식들을 키우셨지요. 노력한 만큼 거둘 수 있는 흙의 진실에 대해 가르쳐 주셨고 작은 일을 하더라도 남들에게 피해를 주지 말라고 늘 말씀하셨습니다. 아버님께 다시 한 번 다짐했습니다.

'아들 병모와 준모에게 부끄럽지 않은 삶을 살겠습니다.'

그날은 날씨가 아주 좋았습니다. 전날 봄비가 내렸고 그날은 화창하게 개어 산일을 하기에 안성맞춤이었습니다. 아버님을 아무 탈 없이 잘 모셔서 기분 좋은 하루였습니다.

선거에 꼭 승리해서 다시 찾아뵙겠다는 약속을 뒤로하고 다시 서울로 올라왔습니다.

막걸리 한 잔을 놓고
인생을 이야기하리라

정치를 하는 사람들은 분명한 자기만의 정치 철학을 가지고 해야 합니다. 그의 정치 그릇이 큰지, 작은지는 중요하지 않다고 생각합니다. 무엇을 위해 정치를 하느냐의 자기 인생철학이 더 중요합니다.

어머니의 마음, 아버지의 마음으로 세상을 바라보고 가장의 마음으로 국민을 생각하고 정치를 한다면 존경받는 정치인이 될 수 있을 겁니다.

군대에선 급한 일이 생길 때는 선 조치 후 보고를 합니다. 사회에서도 급한 일이 많이 발생합니다. 자기 스스로 판단하고 결정해야 합니다. 대신 책임이 따릅니다. 평소 자신을 사랑하고 자신을 믿는다면 판단하고 결정한 것에 대해 두려워할 것이 없지요.

당당하고 자신 있는 삶을 살았다면 개인의 인생에 대한 책임이므로 현명한 판단과 최선의 결정을 했을 것이라고 나는 믿습니다. 나는 후배들에게 진정성을 가지고 모든 일을 해야 한다며 이런 말을 많이 해왔습니다.

"서커스 공연을 할 때, 프로가 기교를 부리면 약간의 실수를 한다 해도 관중의 눈에는 멋있게 보여 박수를 보내지만 아마추어가 기교를 부리면 성공을 한다 해도 관중의 눈에는 어설프게 보일 뿐이다."

언제나 겸손한 마음을 가지고 최선을 다해야지 어설프게 설익은 생활을 하면 안 된다고 말입니다. 지방 정치를 하는 분들도 인생 말년에 지역의 어르신으로 남는 분들이 얼마 되지 않습니다. 명예든 봉사든 자기만의 정치 철학보다는 기득권과 권력으로 생각하는 분들이 많기 때문입니다.

나는 가슴으로 삶을 살고 싶습니다. 우리 가정을 생각하듯 세상을 바라보고 싶습니다. 정치를 가장의 마음으로 하고 싶습니다.

나의 꿈은 소박합니다. 김상봉 인생 80이 넘어 홀로 골목길을 걸어갈 때를 생각해 봅니다.

'나를 아는 사람을 만났을 때, 나는 어떤 모습일까? 나 보기를 원수같이 할 수도, 면전에서 심한 욕을 할 수도, 내 얼굴을 빤히 뚫어져라 쳐다만 볼 수도, 못 본 척하고 지나가다 내 뒤통수에 침을 뱉을 수도, 보기가 싫어서 다른 골목으로 발길을 옮길 수도……'

생각만 해도 참 두렵습니다.

그런데 골목길 막걸리 집을 지나칠 때 누군가 지나가는 내 모습을 보고 반갑게 나를 부르며 달려와 손목을 잡고 시원한 막걸리 한 잔을 따라 준다면……. 그리고 막걸리 한 잔으로 자신 있게 인생을 이야기할 수 있다면……. 생각만 해도 기분이 아주 좋습니다.

아무것이 없어도 마음이 편안한, 그리고 지역에서 존경받을 수 있는 그런 소박하고 진실된 삶을 살고 싶습니다.

새정치가 가슴에 와 닿는
법정 스님의 글 한 편

지난 석가탄신일을 앞두고 누님에게서 카카오톡이 왔습니다. 이 책을 한참 쓰고 있을 때입니다.

술 한잔을 하고 저녁 늦게 집에 들어갔습니다. 몸을 씻고 잠자리를 정리하면서 낮에 들어온 누님의 카카오톡이 생각났습니다. 확인해 보니 그건 법정 스님의 "여보게 친구, 부처를 찾는가?"라는 글과 함께 보내온 동영상 한 편이었습니다.

좋은 글인가 보구나 하는 생각으로 누워서 가슴에 베개를 받치고 감상했습니다. 조금 보고 있으니 나도 모르게 두 뺨 위로 눈물이 하염없이 흐르고 있었습니다. 지금도 그때를 생각하면 가슴이 뭉클합니다.

생업까지 포기하고 노원(병) 선거의 자원봉사를 하면서 고생했던 것, 그리고 느끼고 배운 점을 책으로 만들고 있는 것, 그리고 '나는 왜 새정치에 동참하려고 하는가?' 그동안 살아온 수많은 나의 모습을 생각해 보았습니다. 보고 또 보고 몇 번을 보면서 하염없이 눈물을 흘렸습니다.

안철수의 새정치가 너무도 가슴에 와 닿았습니다. 우리의 주위를 돌아보며 실천하는 생활 정치가 진정한 새정치가 아닌가 생각되었습니다.

혹시 나는 꿈을 향해 껍데기로 살고 있지는 않는가 두려웠습니다. 그리고 아이들이 자고 있는 방으로 가서 병모와 준모의 얼굴을 보았습니다.

내 마음의 중요함을 알았습니다.

지금 살고 있는 이곳이 천당임을 잊지 않으렵니다.

법정 스님의 글 한 편을 소개하면서 이 책을 마무리하고자 합니다.

여보게 친구, 부처를 찾는가?

여보게 친구.
산에 오르면 절이 있고
절에 가면 부처가 있다고 생각하는가?
절에 가면 인간이 만든 불상이

자네를 내려다보고 있지 않는가?
부처는 절에 없다네.
부처는 세상에 내려가야만
천지에 널려 있다네.
내 주위 가난한 이웃이 부처요,
병들어 누워 있는 자가 부처라네.
그 많은 부처를 보지도 못하고
어찌 사람이 만든 불상에만
허리가 아프도록 절만 하는가?
극락과 지옥은 죽어서
가는 곳이라고 생각하는가?
천당은 살아 있는 지금이
천당이고 지옥이라네.
내 마음이 천당이고 지옥이라네.
내가 살면서 즐겁고 행복하면
여기가 천당이고
살면서 힘들고 고통스럽다고 생각하면
거기가 지옥이라네.
자네 마음이 부처이고
자네가 관세음보살이라네.

여보게 친구.

죽어서 천당 가려고 하지 말고

사는 동안 천당에서 같이 살지 않으려나?

자네가 부처라는 걸 잊지 마시게.

그리고 부처답게 살길 바라네.

부처답게…….

안철수 새정치의 공감 토크
- 미래와 희망을 말하다

안철수 새정치의 공감 토크
- 미래와 희망을 말하다

노원(병) 상계동에서
안철수의 하루

안철수 후보의 선거 과정 이야기입니다.

안철수 후보의 홈페이지 내용으로 새정치에 관련된 내용 중심으로 담았습니다.

날짜별로 정리했고, 중복된 내용은 여러 번 이야기한 것으로 강조한 내용입니다. 안철수의 새정치를 조금이라도 이해하는 데 도움이 되었으면 좋겠습니다.

안철수 귀국 기자회견 _2013. 3. 11

지난 후보 사퇴에서 새정치를 위해선 어떤 가시밭길도 가겠다고 약속드렸습니다. 이제 그 약속을 지키려면 더 낮은 자세로 현실과 부닥치며 일궈나가야 한다고 생각합니다. 새로운 정치, 국민이 주인이 되는, 국민을 위한 정치를 위해 어떤 가시밭길도 가겠습니다. 현실과 부닥치며 텃밭을 일궈가겠습니다.

저는 국민 위에 군림하고 편을 갈라 대립하는 높은 정치 대신에 국민의 삶과 국민의 마음을 중하게 여기는 낮은 정치를 하고싶습니다. 이번 서울 노원(병), 국회의원 선거 출마는 그 시작이라고 생각합니다.

안철수가 예비후보 등록 후 여러분께 드립니다 _2013. 3. 13

노원구는 중산층과 서민이 많이 거주하는 대한민국 대표 지역입니다. 노후 문제, 주거 문제, 교육 문제 등 대한민국의 관심사와 현안들이 농축되어 있는 곳입니다.

여러분의 노후 걱정, 주거 걱정, 교육 걱정 같이 나누겠습니다. 낯설고 새로운 길이, 눈 감고도 찾아갈 수 있는 길이 될 때까지 골목골목 찾아뵙겠습니다.

여러분 한 분 한 분의 마음을 소중히 담아내겠습니다. 주민 여러분과 더불어 한숨짓고, 더불어 땀 흘리고, 더불어 희망을 노래하겠습니다. 노원에서 서민과 중산층을 위한 새로운 정치의 출발을 하겠습니다.

시장에 왔습니다 _2013. 3. 19

오늘 한 주민께서 안철수 예비후보에게 "자기 이익을 위하는 정치를 하지 말아 달라"는 귀한 말씀을 해주셨습니다.

"막말하지 않고, 몸싸움 하지 않고, 반대를 위한 반대를 하지 않겠습니다."

안철수 예비후보는 그렇게 하기 위해서 정치를 시작했습니다.

무릎을 굽히고 키를 맞춰 사진을 찍습니다 _2013. 3. 19

안철수 예비후보는 종종 무릎을 굽히고 키를 맞춰 사진을 찍습니다. 눈높이를 맞추고 싶은 마음입니다.

안철수 예비후보는 서민들 삶의 질을 실제로 높이고자 노력하는 것이 새정치의 시작이라고 생각합니다.

목소리 큰 사람들만 대변하는 것이 아니라 말없이 성실히 어렵게 살아가는 분들을 대신해서 목소리를 내어주는 정치를 하겠습니다.

엄마가 말했던 안철수 선생님이야! _2013. 3. 21

우리 예쁜 아이들이 잘 자랄 수 있었으면 좋겠습니다. 안철수 예비후보는 우리 아이들의 미래를 소중하게 생각합니다. 미래가 더 기대되는 상계동을 함께 만들고 싶습니다.

성공회 노원 나눔의 집을 다녀왔습니다 _2013. 3. 22

안철수 예비후보는 대학교 때 가톨릭 학생회에서 봉사활동을 했습니다. 빈민촌에서 의료봉사를 하면서 함께 살아가는 사회에서 각자가 해야 할 역할에 대한 고민을 하기 시작했습니다. 그리고 사회에서 받은 혜택을 환원하는 삶을 희망했습니다.

안철수 예비후보가 의사라는 기득권을 포기하고 당시 불모지였던 IT업계에 뛰어들어 백신을 무료로 배포했던 이유도 그 때문입니다. 정치도 그런 마음으로 뛰어들었습니다.

안철수 예비후보는 작은 목소리를 대변하고, 민생을 해결하고, 공익을 추구하는 것이 새정치라 생각합니다.

사람이 꽃보다 아름답습니다 _2013. 3. 24

"사람이 꽃보다 아름답습니다."

꽃은 바람에 시들지만, 사람은 바람이 불고 비가 와도 단단하게 이겨내서 그렇습니다.

반칙 없는 선거, 네거티브 없는 선거를 하겠습니다 _2013. 3. 25

노원경찰서를 찾아 휴일도 없이 아침부터 새벽까지 늘 노원의 치안에 애쓰시는 여러분께 감사드린다며 "반칙 없는 선거, 네거티브 없는 선거 하겠습니다"라고 했습니다.

안철수 교수님이랑 닮았네요 _2013. 3. 25

"안철수 교수님이랑 닮았네요."

대학생들이 두어 걸음 가다 다시 돌아옵니다. 여러분은 존재 자체가 아름다운 청춘입니다.

노원(병) 국회의원 보궐선거 예비후보 안철수 _2013. 3. 25

'노원(병) 국회의원 보궐선거 예비후보(상계1~5동, 8~10동) 안철수' 열심히 하겠습니다. 안철수의 새정치, 이제 실천입니다.

예비후보로 뛴 지 2주째입니다 _2013. 3. 25

"싸우지 말고, 막말하지 말고, 반대만을 위한 반대를 하지 마라."

새정치는 거창한 것이 아니라 기본을 지키는 정치라는 뜻이겠지요. 새정치에 대한 확신을 가지고 더욱 열심히 뛰겠습니다.

안철수 예비후보 언론사 인터뷰 _2013. 3. 28

노원(병) 지역 주민들 직접 만나보니까 여기서 필요한 일은 무엇이다, 어떤 것이 있던가요?

아시겠습니다만 노원구에 중산층과 서민이 굉장히 많이 살고 계시고 그분들의 관심사, 그러니까 노후 문제, 그리고 교육 문제,

일자리 문제 등 거기에는 우리나라 대한민국에 정말 중요한 현안 문제가 농축되어 있습니다. '이런 문제들을 직접 현장에서 만나고 하나씩 풀어드리면 그걸 우리나라 전체적으로 확산할 수 있겠구나' 그런 확신들이 계속 듭니다.

재보선 선거 같은 경우에는 투표율이 중요한데 보통 30% 내외로 나오기 때문에 투표율을 올려야 할 텐데 방안을 갖고 계신지요?

네, 사실 그 투표율이 낮은 재보선이기 때문에 정당 조직이 없는 무소속 후보는 굉장히 힘듭니다. 그래서 처음에 출마하면서도 굉장히 힘든 그런 선거가 될 것이라고 말씀을 드렸는데요.

올해부터 바뀐 것이 19일, 20일인 금요일과 토요일 날도 투표할 수 있습니다. 그래서 일종의 부재자 투표인데요 신고를 안 해도 가까운 동사무소 어느 곳이든지 방문해서 투표할 수 있는 그런 제도가 처음으로 도입이 됐습니다.

국민들의 참정권 확대를 위해서 가장 바람직하고 이런 바뀐 제도가 아직 널리 알려져 있지 않기 때문에 이제 열심히 말씀드리면서 그 투표 참여를 독려할 예정입니다.

정당 조직이 없어서 좀 힘들다 이런 이야기를 해주셨는데 혹시 민주당에서 공천하지 않는다. 이 부분이 부담스럽지 않습니까?

민주당이 고심 끝에 한 선택이니까요. 저희들은 새정치를 위해서 그리고 또 주민들의 마음을 얻기 위해서 열심히 최선을 다할 뿐입니다.

많은 분들이 궁금해 하시는 것이 매번 새정치 이야기를 하시는데 '새정치가 무엇이냐'라는 부분에 대해서 궁금해 하는 것 같습니다. 새정치, 어떤 겁니까?

네, 사실 새정치가 없던 것을 새로 만들겠다, 이런 것은 아닙니다. 오히려 정치가 원래 해야 될 기본으로 돌아가자는 거죠. 즉 목소리를 못 내는, 그렇지만 현장에서 열심히 살고 계시는 많은 분들의 목소리를 대신 내주는, 다른 말씀으로는 중산층과 서민을 위한 정치가 새정치라고 말씀드릴 수가 있겠습니다.

그리고 또 단순히 이념 논쟁이나 다른 공허한 그런 것들보다는 실제로 어떤 결과를 내는, 그래서 타협하고 합의를 해서 결과를 내는 그런 정치, 그리고 그런 이야기들을 지금까지 정치하시는 분들이 많이 이야기하셨습니다. 그래서 그런 것들이 공허하게 말로만 그치는 것이 아니라 실제로 행동으로 그리고 결과로 나타내는 그런 정치가 새정치라고 생각합니다.

상계동 안 왔으면 큰일 날 뻔했습니다 _2013. 3. 28

안 후보는 단일화나 다른 야당과의 관계를 묻는 기자들의 질문에 "이번 선거에서 또 단일화를 앞세운다면 정치 변화를 바라는 국민 요구를 잘 담아내기 힘들 수 있다"며 "새정치의 가치를 앞세우고 정면승부하고 싶다"고 명확하게 밝혔습니다.

이날 안 후보는 "처음부터 어려운 선거라고 생각했다"면서 최선을 다할 뜻을 다시 한 번 강조했습니다.

안 후보는 "처음부터 노원(병) 선거가 쉽지 않다고 생각한 이유가 평일 열리는 재보선으로, 투표율도 낮고 지역도 전국적으로 세 군데밖에 없어서 결국 조직 선거가 될 수밖에 없다"라고 말했습니다.

그러면서 내달 19일, 20일 양일간 선거구 내 모든 주민자치센터(구 동사무소)에서 조기 투표를 할 수 있는 제도를 홍보했습니다.

안 후보는 또 자신의 '트레이드 마크'인 새정치에 대한 견해도 재차 밝혔습니다. 안 후보는 "이번 선거의 의미를 국민과 함께 정치를 바로 세우는 것이라고 규정하고 싶다"며 "새정치라는 것이 지금까지 없었던 것, 전혀 새로운 것을 만드는 게 아니다. 정말 정치가 해야 할 기본적인 일을 하자는 게 새정치"라고 설명했습니다.

안 후보는 이어 "서민과 중산층의 목소리를 대신 내주는 것이 새정치라고 본다"며 "갈등과 대립만 하면서 결과물을 내놓지 못한다든지, 민생은 도외시하고 다른 부분에 대해 경쟁하는 게 아니라 민생 문제를 해결하는 정치가 새정치"라고 정의했습니다.

안 후보는 지난 2주에 대해 "상계동 주민 분들을 만나면서 많은 가르침과 깨달음을 얻었다"며 "이런 과정을 거치지 않고 정치를 했다면 실수를 많이 할 뻔했다. 저에게 이런 기회를 주신 주민들께 감사한 마음"이라고 소감을 밝혔습니다.

선거 때 후보가 와서 경기가 멈춘 건 처음이야! _2013. 3. 31

해오름테니스클럽이 생긴 이래 처음으로 후보가 왔을 때 경기가 중단됐다고 합니다. 안철수가 하는 정치는 다를 겁니다. 멈춰 있는 여러분의 삶이 지속될 수 있도록, 나아질 수 있도록 상계동을 바꾸겠습니다. 여러분과 함께 손과 발을 열심히 움직여 상계동을 바꾸겠습니다.

귀한 선물 소중히 담아가겠습니다 _2013. 3. 31

"막말하지 말고, 싸우지 말고, 반대를 위한 반대를 하지 말라."

상계동 주민 분들께서 주신 귀한 말씀 소중히 감싸안고 지켜가겠습니다.

나도 이제 상계동 사람이랍니다 _2013. 3. 31

결혼할 때만 해도 정치인의 아내로 살게 될 줄 꿈에도 몰랐다고 털어놓은 김 교수는 "남편이 내린 큰 결정들이 지나고 보면 조금 고생스럽긴 했어도 훨씬 더 좋고 의미 있는 선택이라고 믿어왔다. 그 때문에 이번에도 좋은 결정이라 생각한다"고도 말했습니다.

주민들 만나면 무슨 얘기를 주로 하나?

"많은 분이 '(안 예비후보에게) 이번엔 그만두면 안 돼요'라고 한다. '끝까지 가야 합니다', '힘내세요, 고생하십니다'와 같은 말씀도 많다. '절대로 여기저기 옮겨 다니고 그런 건 안 된다'고 길게 말씀하시는 분도 만났다. (선거 목적으로) 여기 살다 떠난 정치인들에게 마음이 많이 상하셨던 것 같다."

영화 "링컨"을 봤다고 하던데?

링컨은 정말 위대한 정치가 같다. 미국 중앙정보국(CIA)의 오사마 빈 라덴 사살 작전을 다룬 아카데미 수상 영화 "제로 다크 서티"도 봤다. 버락 오바마 미국 대통령이 TV에 나와 자신이 젊은 시절 봤던 영화 "라이온킹"을 어린이들에게 보여주는 이벤트를 하고 나서 불과 몇 시간 뒤 다시 TV에 나와 심각한 목소리로 "빈 라덴을 사살했다"고 선언하는 장면이 생각났다.

정치인은 겉으로는 어린이들과 어울리며 즐거운 표정을 지으면서 속으로는 (군사작전을) 계획하고, 그걸 동시에 처리하는 사람임을 깨달은 인상적인 순간이었다.

영화 "레미제라블"도 미국에서 봤다. 마지막에 등장인물 전원이 살아나 노래 부르는 장면이 좋았다. 남편도 이 영화에 깊은 감명을 받았다고 한다.

보육은 미래를 위한 투자입니다 _2013. 4. 2

안철수 예비후보는 보육이 국가 미래를 위한 투자라고 생각합니다.

더불어 한숨 짓고 더불어 땀 흘리고 더불어 희망을 노래하십시오

_2013. 4. 2

여러분께서 기회를 주신다면 주민 여러분과 더불어 한숨 짓고, 더불어 땀 흘리고, 더불어 희망을 노래하겠습니다.

가장 잘하는 것을 찾게 도와주고 배울 수 있게 하는 것이 교육입니다

_2013. 4. 2

여러분 기다리면서 생각난 이어령 선생님 말씀을 여러분께 여쭤봅니다.

여러분, 한 방향으로 뛰면 1등이 한 명입니다.

그런데 동서남북으로 뛰면 1등이 몇 명이죠? (네 명이요.)

그럼 360도로 뛰면 1등이 몇 명이죠? (360명이요.)

집에 가면 부모님이 뭐라고 하세요?

"공부 잘해야 한다. 공부 잘해야 좋은 대학 간다. 그래야 돈 걱정 없이 살 수 있다."

대한민국 사회의 많은 기준이 돈이기 때문이겠지요.

여러분, 다윗과 골리앗 이야기 아세요?

다윗이 거대한 골리앗과 맞설 때 옆에서 갑옷을 입혀주고 투구도 씌워주고 칼도 줬습니다. 그런데 다윗은 갑옷도 벗고, 투구도 벗고, 칼도 내려놓았습니다. 맞지 않았기 때문입니다. 다윗에게는 모두가 무거운 짐이었습니다.

원래 입던 양치기 옷에, 원래 쓰던 돌멩이 하나의 힘으로 골리앗을 이겼습니다. 가장 잘하는 걸로 싸워서 이긴 거죠.

여러분이 가장 잘하는 것을 찾게 도와주고 배울 수 있게 하는 게 교육입니다. 1등이 한 명이 아니라 360명 나올 수 있게 하는 게 교육이에요. 이제는 옆에 있는 친구는 경쟁자가 아니고 여러분의 소중한 동료예요.

우리 노원은 지역공동체 복원의 모델입니다 _2013. 4. 3

학생들에게 물었더니 1등이 360명인 세상이 더 좋답니다.

저도 교육은 1등이 한 명이 아니라 360명 나올 수 있게 하는 것이라 생각합니다. 지금 우리 교육은 배움이 아니라, 가르침에 집중되어 있습니다. 지금 우리 교육은 진로가 아니라, 진학에 초점이 맞춰져 있습니다.

지금 이 방식대로는 아이들의 미래를 열어줄 수 없습니다. 우리 아이들은 한 명, 한 명이 소중합니다. 각자의 길이 있고, 각자에게 선택의 기회를 줘야 합니다.

'책'을 빌리는 도서관이 아니라 살아 있는 책, '휴먼북'(human book)을 빌리는 도서관입니다. 지식을 일방적으로 얻어가는 도서관이 아니라, 사람과 사람이 만나 마주보고 지식과 경험을 나눠 갖는 도서관이지요. 멘토와 멘티가 만나는 공간입니다.

노원구의 모든 주민은 누구나 휴먼북이 될 수 있고, 독자가 될 수 있습니다. 방금 저도 휴먼북에 등록했습니다. 이제 저도 빌리실 수 있습니다. 그리고 저도 저에게 멘토가 되어주실 분을 만날 수 있습니다.

우리 아이들에게 삶을 살아갈 수 있는 방법을 배우도록 하는게 교육입니다. 맞지 않는 짐을 지우면 지쳐 세상을 힘들게 살아갈 겁니다. 잘 맞는 힘을 기를 수 있도록 하는 게 아이들에게 세상을 열어주는 교육입니다.

　스스로에게 재미있고 의미 있는 일을 찾을 수 있는 기회, 그일을 선택할 수 있는 기회, 그리고 먼저 그 길을 걷고 있는 선배를 만날 기회, 우리 아이들은 좀더 세상을 즐겁게 살아가며 미래를 설계할 수 있을 겁니다.

　노원에서는 세 가지 기회를 모두 만들 수 있습니다.

　첫째, 휴먼라이브러리(human library)를 넓히는 것입니다.

　더 다양한 직업을 가진 분들과 함께 휴먼북이 되겠습니다. 우리 아이들이 더 많은 멘토를 만날 수 있는 기회를 확대하겠습니다.

　둘째, 휴먼라이브러리와 이어진 사이버직업체험관[가칭, 드림라이브러리(dream library)]을 만드는 것입니다.

　사이버직업체험관은 아이들이 재미있고, 잘할 수 있는 일을 스스로 선택하고, 미래를 설계할 수 있는 공간입니다. 그 직업의 사회적 역할과 의미, 성취의 꿈을 나누는 곳입니다. 자신보다 먼저 하고 싶은 일을 하고 있는 선배들을 블로그나 SNS를 통해 만날 수 있습니다.

　만남은 오프라인으로 이어집니다. 휴먼라이브러리가 더 넓어지고 사이버직업체험관이 이어진다면 지역사회가 아이들의 멘토가 됩니다.

휴먼북은 아이의 멘토가 되어, 자신의 경험과 시행착오를 알려줄 수 있습니다. 자신의 후배가 자신의 길을 보다 더 잘 찾아갈 수 있도록, 더 나은 능력을 갖출 수 있도록 도와주는 겁니다.

건강한 지역공동체가 복원됩니다. 아이들의 꿈과 미래를 열어주는 멘토의 도시로 우뚝 서게 됩니다. 그리고 멘토의 도시 노원이 전국으로 퍼져나가는 겁니다.

셋째, 모든 논의는 노원에 사는 주민 분들이 골고루 참여하는 가칭 노원비전위원회 구성을 통해 결정될 것입니다.

노원을 가장 잘 아는, 노원에서 삶을 살아가는, 노원의 미래를 열어주실 주민 분들 중심으로 참여하고 토론하는 방법입니다. 물론 우리 노원의 아이들도 참여해야 합니다.

교육은 우리 아이들에게, 우리 학생들에게 하고 싶은 일, 잘할 수 있는 것을 찾아주고, 배울 수 있도록 도와주는 것이어야 합니다. 안철수는 영원히 노원구 아이들의 멘토가 되겠습니다.

안철수 예비후보 출마의 변 _2013. 4. 4

낡은 정치를 청산하고 정치의 기본을 바로 세우라는 시대의 사명과 국민의 열망에 따르겠습니다. 이번 노원(병) 보궐선거는 대한민국 정치를 바꾸는 전국 선거입니다. 새정치의 씨앗을 뿌리고 싹을 틔우는 단초가 노원(병)에서 만들어질지 많은 국민이 지켜보고 있습니다. 정치가 바뀌어야 우리의 삶이 바뀝니다.

반대를 위한 반대로 지새우는 정치, 상식이 통하지 않는 정치, 사익을 추구하는 정치, 적대적 공생관계를 유지하는 낡은 정치는 더 이상 안 됩니다. 저는 낡은 정치를 바꾸고 정치의 기본을 바로 세우지 못한다면, 우리 대한민국은 결코 앞으로 나아갈 수 없다는 절박감을 갖습니다.

새정치는 정치를 바꾸고 민생을 살리는 정치입니다. 국민들은 기회의 격차에 좌절하고, 사회지도층의 부패에 절망하고 있습니다. 새정치가 필요합니다. 권력은 정의로워야 하고, 정치는 문제를 해결해야 합니다. 사회는 기회의 사다리와 촘촘한 복지 그물망이 짜여져야 합니다.

열심히 살아가는 국민들이 희망과 미래를 이야기할 수 있어야 합니다. 정치의 기본을 바로 세워 성실하게 살아가는 국민 한 분 한 분의 땀과 정성을 희망의 새 그릇에 담아내는 것, 그것이 새정치입니다. 저는 온몸을 던져 국민과 함께 새정치의 씨앗을 반드시 싹틔워 낼 것입니다.

이번 선거에 임하는 저의 입장을 말씀드리겠습니다.

첫째, 기성 정치는 혁신되어야 하기에 기득권 논리에 결코 굴하지 않겠습니다.

낡은 정치가 지속된다면 새정치로 정면 승부하겠습니다. 기득권을 지키려는 거대한 힘에 새정치를 세우려는 국민적 열망으로 맞서겠습니다. 줄 세우고 편 가르며 새정치를 막으려는 어떤 방해와 압력에도 굴하지 않겠습니다.

둘째, 국민과 함께 권력의 독선과 독단에 경종을 울리겠습니다.

셋째, 이번 선거를 국민의 승리로 만들겠습니다.

이번에는 저 안철수와 함께 새정치의 씨앗을 꼭 만들어 주셔서 기성 정당들도 기득권 논리 대신에 국민이 바라는 혁신의 길로 나아가도록 해주십시오. 국민의 힘으로 정치 혁신을 이끌어 낸다면 그것이 곧 국민의 승리입니다.

진정 어린 대화와 충언 속에서 저는 새정치의 길을 보다 명확하게 찾을 수 있었습니다. 정치는 항상 국민 속에 있어야 하고, 국민이 답이라는 지혜도 얻었습니다.

말없이 성실하게 살아가는 분들의 작은 목소리를 대변하겠다는 각오가 옳은 길임을 거듭 깨닫고 있습니다. 정치의 기본을 바로 세우고, 국민 여러분의 땀과 고통을 담아내는 새정치를 활짝 펼치겠습니다.

열심히 살아오신 분들의 노후가 힘들고 어려워서는 안 됩니다

_2013. 4. 5

지금 혼자 계시는 어르신들께서 겪고 있는 문제를 해결해드리고 싶습니다.

이 비가 그치면 저는 더 단단해질 겁니다 _2013. 4. 6

비는 좋은 때를 알고 내립니다. 비 온 뒤에 땅이 굳어집니다. 비오는 날, 우산 밖으로 손을 내어주십니다. 귀한 손입니다.

따뜻한 온기 내어주신 주민 여러분을 위해 더 단단하게 새정치의 길을 걸어가겠습니다.

빗길에 저 멀리 뛰어 오십니다, 제가 가까이 가겠습니다 _2013. 4. 6

빗길에 저 멀리서 뛰어오십니다. 제가 가까이 가겠습니다. 여러분, 한 분 한 분이 제게는 너무 소중한 분들이십니다.

여러분께 새정치로 보답하겠습니다 _2013. 4. 6

한 분, 한 분의 말씀을 소중히 담았습니다. 여러분께 새정치로 보답하겠습니다. 서민과 중산층과 밀착된 생활 정치, 주민들의 목소리를 반영하는 작은 정치, 국민의 말씀을 실천하는 낮은 정치, 꼭 이루겠습니다.

어느덧 퇴근길 인사를 드릴 시간입니다 _2013. 4. 6

민생을 먼저 챙기는 새정치의 길을 가겠습니다. 아무리 먼 길이라도, 아무리 어두운 길이라도, 아무리 따가운 가시밭길이라 해도 뚜벅뚜벅 나아가겠습니다.

집에 와주신 모든 분들께 감사 _2013. 4. 7

집들이 와주신 상계동 주민 분들께 깊은 감사를 전합니다.

여러분이 계셔서 제가 새롭게 시작할 수 있고, 마음먹은 대로 먼 길을 갈 수 있습니다.

변함없는 믿음과 지지에 다시 한 번 감사드립니다.

선거사무실 개소식 _2013. 4. 7

서민과 중산층과 밀착된 생활 정치, 주민들의 목소리를 반영하는 작은 정치, 국민의 말씀을 실천하는 낮은 정치 이것이 제가 생각하는 새정치입니다.

첫째, 서민과 중산층을 위한 정치를 하고 싶습니다.

둘째, 민생 문제를 해결하는 정치를 하고 싶습니다.

걱정을 나누고, 해결하는 정치를 하고 싶습니다. 상계동의 삶을 꼭 보듬어드리고 싶습니다. 아이들에게 저부터 멘토가 되어주고, 우리 노원이 자급형 선순환 도시가 될 수 있도록 일자리도 만들겠습니다. 어르신들의 노후를 위한 서민형 실버타운 조성도 적극 추진해 보겠습니다.

셋째, 새정치는 실천하는 정치입니다.

국민이 무엇이 불편한지 찾아가는 것이 생활 정치이고, 이것이 곧 새정치입니다.

'제가 가시밭길을 가겠다'고 했는데, 같이 걸어주시는 분들입니다. 여러분이 계셔서 제가 새롭게 시작할 수 있고, 마음먹은 대로 먼 길을 갈 수 있습니다.

변함없는 믿음과 지지에 고개 숙여 감사드립니다.

신호등! _2013. 4. 7

노원을 교육과 멘토의 도시로 만들고 싶습니다. 교육은 우리 아이들이 하고 싶은 일, 잘할 수 있는 것을 찾아주고, 배울 수 있도록 도와주는 것이어야 합니다.

지금 진학 중심의 교육은 빨간불입니다. 진로 중심의 교육이

파란불입니다. 각자의 길을 선택할 수 있는 기회를 만들 수 있도록 도울게요. 여러분의 꿈과 미래를 열어주는 멘토의 도시로 만들게요.

정책비전 발표회 _2013. 4. 9

상계동에는 휴먼라이브러리라는 책이 아니라, 살아 있는 책, 사람을 만날 수 있는 기회를 만들어주는 도서관이 있습니다.

대한민국의 문제들을 주민 여러분과 함께 풀어가는 새정치로 더 자랑스러운 노원을 그려보려 합니다. 앞으로 주민 여러분과 함께 호흡하고 소통하며 수정하고 채워 나가겠습니다.

작고 아담한 저 뒷모습의 주인공은? _2013. 4. 10

작고 아담한 저 뒷모습의 주인공은 누구일까요?

어깨까지 오는 단발머리에, 단정한 감색 코트, 무릎까지 내려오는 스커트, 낮은 구두. 단아한 뒷모습이 딱 제 이상형이시네요.

안철수의 아내, 김미경입니다. 정치는 잘 모르지만 남편은 잘 압니다. 내 남편 안철수는 약속을 지키는 사람입니다. 내 남편 안철수가 초심 잃지 않도록 돕겠습니다.

노원(병) 출정식 _2013. 4. 11

민생 문제를 해결하는 게 정치입니다.

삶이 힘들고 고달픈 분들, 목소리를 내기에 지친 분들, 그분들의 목소리를 대변하는 것이 정치입니다. 새정치는 없던 것을 새롭게 만드는 게 아닙니다. 원래 정치가 해야 할 일을 하자는 겁니다. 정치의 원래 모습으로 돌아가자는 겁니다.

서민과 중산층을 위한 정치가 새정치입니다. 민생 문제를 최우선으로 해결하는 정치가 새정치입니다. 많은 정치인들이 이미 말씀하셨습니다. 그렇지만 가장 중요한 것은 실천입니다. 그리고 초심입니다.

세 후보의 공약이 비슷합니다. 모든 공약을 다 실현할 수는 없습니다. 재정의 문제 때문에 우선순위를 정해야 하는데 거기서 그 사람의 가치관, 그 사람이 진심으로 가치 있다고 믿는 것들이 반영됩니다.

가치관, 살아온 삶의 흔적들, 진심으로 믿는 것들에 대해서 판단해 뽑으시면 좋겠습니다. 국민이 새정치를 선택해야, 정치가 바뀌고, 여러분의 삶이 바뀝니다.

공감 토크, 지금 이 자리에 반가움과 따듯함이 만납니다 _2013. 4. 13

주민 분들과 함께 하는 공감 토크입니다. 선거 때 하는 유세는 혼잣말이라는 생각이 들어서요. 여러분과 호흡하고 소통하는 방법으로 함께 하는 유세의 장을 만들어 봤습니다.

먹고 힘내서 우리 정치 좀 튼튼하게 만들어 봐 _2013. 4. 13

정치가 바뀌면 민생이 바뀝니다.

어르신 말씀처럼 정치가 튼튼해지면 민생도 튼튼해지겠지요. 기본이 바로 서 있는, 튼튼한 정치 꼭 세우겠습니다.

말이 아니라 실천하는 정치를 하겠습니다 _2013. 4. 13

안철수의 새정치, 이제 실천입니다.

서민과 중산층을 위한 정치, 민생문제를 해결하는 정치, 실천하는 정치가 제가 말씀드리는 새정치입니다.

말이 아니라 실천하는 정치를 하겠습니다.

새정치, 노원에서 시작하겠습니다 _2013. 4. 14

바람(風)은 계산하는 것이 아니라 극복하는 것이라 했습니다.

기득권 세력들의 어떤 방해와 압력도 새정치와 국민을 위한 책임감으로 넘어서겠습니다.

학생들이 잘할 수 있는 일을 찾아주는 일이 교육이라고 생각합니다
_2013. 4. 15

학생들이 하고 싶어하는 일, 잘할 수 있는 일을 찾아주고, 배울 수 있는 기회를 주고, 즐겁게 삶을 살아갈 수 있도록 이끌어 주는 것이 교육이라 생각합니다.

마들역 공감 토크에 웃음이 터져 나옵니다 _2013. 4. 16

"실현 가능한 것이 아니면 표를 위해서 정책을 만들지 말라는 안철수 후보의 생각도 마음에 들었습니다. 말한 것을 분명히 지키고 실천할 사람입니다."
안철수 후보는 약속드린 부분은 꼭 지킬 겁니다.

당고개역에서 새벽에 지하철을 탔습니다 _2013. 4. 17

'정치 좀 제대로 해 달라, 열심히 사는 사람 잘 살게 좀 해 달라.'
기본을 지키는 정치 잘 이루어내겠습니다.

여러분의 멘토가 되겠습니다 _2013. 4. 18

수업시간에 공부 열심히 하는 것도 중요하지만 동아리 활동 열심히 하는 것도 중요합니다. 학생 여러분이 하고 싶고, 잘할 수 있는 일을 찾아보세요.

저는 학생들이 재능을 발견하고 배울 수 있는 기회를 주고, 즐겁게 삶을 살아갈 수 있도록 이끌어주는 게 교육이라 생각합니다. 여러분의 멘토가 되겠습니다.

안철수 후보가 조기 투표 하는 순서를 안내해 드립니다 _2013. 4. 19

조기 투표가 참여민주주의를 한 걸음 더 진전, 확장시키고 국민의 참정권을 넓혀 민주주의 발전에 기여할 수 있을 것이라 믿습니다.

통합선거인명부에 의한 선거일 전 투표, 쉽게 말해 조기 투표입니다. 저도 먼저 조기 투표 했습니다.

장애인이 편하면 우리 모두가 편한 곳입니다 _2013. 4. 20

사람이 꽃보다 아름답습니다.

꽃은 바람에 시들지만 사람은 바람이 불고 비가 와도 단단하게 이겨내서 그렇습니다.

안철수 후보, 가장 어린 기자와 만났습니다 _2013. 4. 21

초등학생과 인터뷰 중입니다.

안철수는 상계동 아이들의 멘토가 되겠습니다. 지금 우리 교육은 진학, 입시 위주입니다. 진로 중심 교육으로 넓혀가겠습니다. 교육은 우리 아이들의 재능을 찾아주고 배울 수 있는 기회를 주는 것이어야 합니다.

새정치의 중심에 상계동을 세워주십시오 _2013. 4. 21

새정치는 낡은 정치를 하지 않는 것입니다.

새정치는 중산층과 서민을 위한 정치입니다.

새정치는 민생 문제를 해결하는 정치입니다.

새정치는 실천하는 정치입니다.

노원에서 새정치의 싹을 꼭 틔우겠습니다.

안철수 후보 부인 김미경 교수도 한 마디 합니다.

"제가 아는 남편 안철수는 반드시 약속을 지키는 사람입니다."

부인 김미경 교수가 남편을 돕기로 처음 마음먹었을 때… _2013. 4. 22

남편이 처음 정치에 입문하려고 했을 때 반대했습니다.

걱정도 많이 했습니다. 싫다고도 했고 정신없다고도 했습니다. 그런데 결국 제가 남편의 뜻을 따르고 적극적으로 지원하게 된 것은 남편이 한 말 때문이었습니다.

"우리 딸 설희가 살아갈 나라다. 우리 딸이 결혼해서 또 그 자녀들이 계속 잘 사는 그런 좋은 나라를 만들어주고 싶다."

이 말을 듣고 남편을 돕기로 마음먹었습니다.

오늘 벌써 선거운동 마지막 날이네요 _2013. 4. 23

서민과 중산층을 위한 정치, 작은 목소리를 대변하는 정치, 민생을 해결하는 정치, 말이 아니라 실천하는 정치.

저는 새정치를 노원에서 시작하겠습니다.

우리의 힘으로 정치를 바꾸고 우리의 미래를 우리의 힘으로 만들어 갑시다.

'정치 좀 제대로 해 달라, 힘없는 사람 좀 도와 달라'는 말씀 꼭 기억하겠습니다. 그 마음으로 새정치를 꼭 이루어내겠습니다.

처음 마음 변치 않겠습니다 _2013. 4. 25

당선 후 감사 인사 드립니다.

지하철에서 출근 인사 드렸습니다. 고맙습니다.

그리고 가장 어려운 분들이 많이 계시는 희망촌과 양지마을에 제일 먼저 갔습니다. 선거운동 때, 당선되면 가장 먼저 찾아뵙겠다고 약속드렸기 때문입니다.

선거사무소는 오늘 문 닫지만 새로운 문이 열립니다 _2013. 4. 25

국민들이 힘차게 열어주신 새정치의 문입니다. 또 조만간 안철수의 정책 카페도 멀지 않은 곳에서 문을 엽니다.

노원비전위원회를 열어서 여러분들의 목소리를 담을 수 있는 논의의 장을 열겠습니다.

노원은 소통과 참여, 생활정치의 도시가 됩니다.

선거 사무소에서 자원봉사 해주신 분의 말씀을 듣고 눈물이 났습니다.

'상계동에 사는 게 뿌듯하고 영원토록 기억될 일이라는 말씀, 지금까지 해온 것처럼 한 번도 가보지 않은 길 뚜벅뚜벅 걸어가면 늘 응원하겠다는 말씀' 잊지 않고 가슴에 새기겠습니다.

여러분이 계셔서 제가 여기까지 왔습니다. 이제 멀고 더 험한 길을 갑니다.

새정치의 길, 뚜벅뚜벅 나아가겠습니다.

대한민국 국회 본회의 당선인사 _2013. 4. 26

19대 국회에 늦깎이로 등원하게 된 안철수입니다.

대한민국 국회의원으로 이 자리에 선다는 것이 얼마나 큰 의미를 지니는지, 또 얼마나 엄중한 책임을 가지게 되는 것인지 선거 과정에서 많이 체험했습니다.

선거란 우선 유권자에게 자신의 비전을 보여드리고 의견을 구하는 것을 넘어서, 궁극적으로 유권자와 정치인 간에 약속을 맺는 과정의 연속이었다고 생각합니다.

정치란 조화를 이루며 함께 하는 것이라 믿습니다. 정치란 절대 혼자서 할 수 없다는 것도 잘 알고 있습니다.

　앞으로 여기 계신 많은 여야 의원님들의 말씀에 귀기울이고, 부족한 것은 도움을 청하고 또 늘 겸손한 자세로 함께 하겠습니다.

판권
소유

안철수 새정치 이야기

가슴으로 하는 말

2013년 7월 30일 인쇄
2013년 8월 2일 발행

지은이 | 김상봉
편집인 | 최창수
발행인 | 이형규
발행처 | 프라미스

주소 | 서울시 종로구 이화동 184-3
TEL | 745−1007, 745−1301, 747−1212, 743−1300
영업부 | 747−1004, FAX/745−8490
본사평생전화번호 | 0502-756-1004
홈페이지 | http://www.qumran.co.kr
E-mail | qrbooks@gmail.com
              qrbooks@daum.net
한글인터넷주소 | 쿰란, 쿰란출판사

등록 | 제300-2008-17호(2008.2.22)

책임교열 | 송은주

값 9,000원

ISBN 978-89-93889-14-7 03230